· LES CAHIERS D'ACTIVITÉS D'OPHRYS ·

Marie Marhuenda, Bernard Viselthier

L'Allemand

de 11 à 99 ans

Conception éditoriale : Christine Rosengard
Édition : Christine Rosengard, Nathalie Loiseau
Conception graphique : Ariane Naï Aubert
Mise en page : Desk – desk@desk53.com.fr
Couverture : Raphaëlle Faguer

Éditions OPHRYS
5, avenue de la République,
75011 Paris

www.ophrys.fr

ISBN : 978-2-7080-1508-1
ISSN : 2557-8944

· LES CAHIERS D'ACTIVITÉS D'OPHRYS ·

Marie Marhuenda Bernard Viselthier

L'Allemand
de 11 à 99 ans

ÉDITIONS OPHRYS

Sommaire

1 Les articles et le genre des noms

Cours

Il existe en allemand trois genres : le masculin, le féminin, le neutre. Il n'y a pas de stricte correspondance entre le genre en français et le genre en allemand.

1. Les trois articles définis

	Masculin sing.	Féminin sing.	Neutre sing.	Pluriel
Articles définis	der	die	das	die
Exemples	der Mann	die Frau	das Kind	die Autos

remarques

- Ces trois articles ont un même et seul article pluriel : *die* + nom au pluriel.
- Le genre allemand n'est pas toujours le même qu'en français comme le montre l'exemple suivant :

die Sonne (féminin en allemand) → le soleil • *der Mond* (masculin en allemand) → la lune

2. Les deux articles indéfinis

	Masculin sing.	Féminin sing.	Neutre sing.
Artcles indéfinis	ein Mann	eine Frau	ein Kind

Il existe un article indéfini négatif : ***keine Chance*** (pas de chance).

Les articles partitifs (du, de la, des) n'ont pas d'équivalent en allemand :
Brot → du pain • *Kuchen* → des gâteaux

3. Les noms masculins

Les noms se terminant en ***-er***, ***-ler***, ***-ig***, ***-ich***, ***-ling*** :
der Lehrer → le professeur • *der König* → le roi

Certains noms se terminent en ***-ant***, ***är***, ***-eur***, ***-ent***, ***-ier***, ***-iker***, ***-ismus***, ***-ist***, ***-or***

4. Les noms féminins

Les noms se terminant en ***-e***, ***-ei***, ***-in***, ***-heit***, ***-keit***, ***-schaft***, ***-ung*** :
die Lehrerin → la professeure • *die Freundschaft* → l'amitié • *die Übung* → l'exercice

Les noms à suffixes étrangers en ***-ade***, ***-age***, ***-anz***, ***-ie***, ***-ion***, ***-tät*** sont du féminin.

5. Les noms neutres

Les noms se terminant en ***-chen*** et ***-lein*** (diminutifs), ***-tel***, ***-tum*** :
das Mädchen → la petite fille • *das Zehntel* → le dixième

Exceptions : *der Irrtum, der Reichtum*

Les mots à suffixes étrangers terminant par ***-o***, ***-in***, ***-ment***, ***-um***...

*GEH NICHT WIE DIE KATZE UM DEN HEIßEN BREI!

Exercices

LEICHT

1 **Trouvez l'article défini, puis l'article indéfini des noms suivants.**

1. .... Doktor
2. .... Fabrik
3. .... Instrument
4. .... Quantität
5. .... Publikum
6. .... Herrlichkeit
7. .... Schüler
8. .... Freiheit
9. .... Bächlein
10. .... Arbeit

MITTEL

2 **a., b. ou c. ? Choisissez le bon article défini pour chacun de ces mots.**

1. a. der Weg b. das Weg c. die Weg
2. a. der Auto b. die Auto c. das Auto
3. a. die Hemd b. das Hemd c. der Hemd
4. a. der Jahr b. das Jahr c. die Jahr
5. a. das Mädchen b. die Mädchen c. der Mädchen
6. a. die Stuhl b. das Stuhl c. der Stuhl
7. a. der Schnee b. die Schnee c. das Schnee
8. a. der Sonne b. die Sonne c. das Sonne
9. a. die Mond b. das Mond c. der Mond
10. a. das Lied b. der Lied c. die Lied

SCHWER

3 **Traduisez en allemand.**

1. le soleil et la lune ....
2. une fille et une chanson ....
3. une table et une chaise ....
4. l'école et le travail ....
5. la fabrique et l'automobile ....

*Ne tourne pas autour du pot !

2 Le pluriel des noms

Cours

Il existe de nombreuses marques de pluriel pour chaque nom en fonction de son genre. On peut cependant distinguer plusieurs grandes catégories.

1. Le pluriel des noms masculins

Pour former le pluriel des noms masculins :

- on ajoute souvent un ***-e*** au nom singulier : *der Monat/die Monat**e*** → le mois/les mois
- ou encore une **inflexion** + ***-e*** : *der Gast/die G**ä**st**e*** → l'invité/les invités
- parfois ***-er*** : *der Geist/die Geister* → l'esprit/les esprits
- ou une inflexion + ***-er*** : *der Mann/die M**ä**nn**er*** → l'homme/les hommes

2. Le pluriel des noms masculins en *-er*, *-el* et *-en*

Les noms masculins en ***-er***, ***-el***, ***-en*** sont généralement invariables au pluriel :
der Bäcker/die Bäcker → le boulanger/les boulangers
der Engel/die Engel → l'ange/les anges
der Wagen/die Wagen → l'auto

3. Le pluriel des noms masculins faibles

Les noms masculins appelés noms masculins « faibles » prennent un ***-n*** ou un ***-en*** au pluriel :
*der Junge/die Junge**n*** → le garçon/les garçons

4. Le pluriel des noms féminins

Pour former le pluriel des noms féminins, il existe de nombreuses possibilités :

- en ajoutant soit ***-n***, soit ***-en*** :
*die Dame/die Dame**n*** → la dame/les dames
- en ajoutant une **inflexion** + ***-e*** pour les noms monosyllabiques :
*die Hand/die Händ**e*** → la main/les mains

5. Le pluriel des noms neutres

- Il existe là encore de nombreux types de pluriel : souvent ***-e***, mais aussi ***-er*** et encore une inflexion + ***-er*** : *das Kind/die Kind**er*** → l'enfant/les enfants
- Les noms d'origine étrangère prennent un ***-s*** : *das Büro/die Büro**s*** → le(s) bureau(x)
- Les noms terminés en ***-el***, ***-en***, ***-er*** sont invariables :
*das Fenst**er**/die Fenst**er*** → la fenêtre

Exercices

LEICHT

1 *Richtig* oder *falsch*? Vrai ou faux ?

	richtig	falsch
1. Les masculins dits faibles font leur pluriel en « en ».	☐	☐
2. Le pluriel de « *die Tante* », la tante, est « *die Tanten* ».	☐	☐
3. Le pluriel de *das Kind*, l'enfant, est *die Kinden*.	☐	☐
4. Le nom *Kino*, le cinéma, n'a pas de pluriel.	☐	☐
5. Un nom masculin en *-er*, comme *der Lehrer*, le professeur, est invariable au pluriel.	☐	☐
6. Le pluriel de « *das Märchen* », le conte, est « *die Märchen* ».	☐	☐
7. « *Die Esel* » est le pluriel de « *der Esel* », l'âne.	☐	☐

MITTEL

2 Précisez le pluriel des animaux suivants.

1. der Tiger: ....
2. der Elefant: ....
3. der Hund: ....
4. die Katze: ....
5. die Maus: ....
6. das Krokodil: ....
7. das Huhn: ....
8. das Pferd: ....
9. der Igel: ....

SCHWER

3 Donnez le singulier avec l'article défini et l'article indéfini des noms suivants.

1. die Mädchen: ....
2. die Freundinnen: ....
3. die Hefte: ....
4. die Nächte: ....
5. die Lehrer: ....
6. die Soldaten: ....
7. die Häuser: ....

* Pas le temps de faire la grasse matinée !

3 Le nominatif et l'accusatif

Cours

Le nominatif et l'accusatif sont deux des quatre cas du groupe nominal. Ce sont les plus courants.

1. Le nominatif

Le nominatif est le cas du sujet, celui qui fait l'action, c'est aussi, comme en français, le cas de l'attribut du sujet.

Il répond à la question *Wer?* pour les personnes :

Wer *ist da? Der Vater ist da, die Mutter ist da, das Baby weint.*

→ Qui est là ? Le père est là, la mère est là, le bébé pleure.

C'est une réponse à la question *Was?* pour les choses :

Was *liegt auf dem Tisch? Ein Buch, eine Zeitung.*

→ Qu'est-ce qu'il y a sur la table ? Un livre, un journal.

2. L'accusatif

L'accusatif est le cas du complément d'objet direct (COD) mais aussi le cas employé après certaines prépositions ou verbes.

Il répond à la question ***Wen?*** pour les personnes et ***Was?*** pour les choses :

Wen *siehst du in dem Park? Ich sehe ein****en*** *Freund.*

→ Qui vois-tu dans le parc ? Je vois un ami.

*Was kaufst du? Ich kaufe ein****en*** *Apfel, ein****e*** *Banane und ein Bier.*

→ Qu'achètes-tu ? J'achète une pomme, une banane et une bière.

L'accusatif est aussi employé après certaines prépositions :

Ich fahre nicht ***ohne*** *mein****en*** *Freund.* → Je ne pars pas sans mon ami.

3. Les formes des articles définis et indéfinis

Les déclinaisons des articles diffèrent seulement entre le nominatif et l'accusatif au masculin singulier.

	Masculin	Féminin	Neutre	Pluriel
Nominatif	der	die	das	die (pl.)
Accusatif	den	die	das	die (pl.)

	Masculin	Féminin	Neutre	Pluriel
Nominatif	ein	eine	ein	Ø
Accusatif	einen	eine	ein	Ø

L'article indéfini ***ein*** n'a pas de pluriel :

Ø Kinder → des enfants • *Ø Tiere* → des animaux

Exercices

LEICHT

1 Donnez la forme au nominatif des articles suivants à l'accusatif.

1. einen Mann ....
2. eine Frau ....
3. ein Kind ....
4. Bonbons ....
5. die Zigarette ....
6. das Buch ....
7. den Vater ....
8. die Karten ....

MITTEL

2 Soulignez les groupes nominaux à l'accusatif dans les phrases suivantes.

1. Der Lehrer zeigt ein Buch.
2. Das Kind bekommt einen Kuchen.
3. Ich kenne die Stadt nicht.
4. Ich will eine Freundin besuchen.
5. Hast du Bonbons zu Hause?
6. Kannst du mir ein Glas Cola geben?
7. Zeige mir deine Arbeit.
8. Ich will ein Poster kaufen.

SCHWER

3 Traduisez les phrases suivantes.

1. Qui vois-tu ? Que vois-tu ? ....
2. Ma mère a un chapeau et un manteau. ....
3. J'achète un journal, un livre et un stylo-bille. ....

....

4. J'entends la musique, je connais la chanson. ....

....

5. Je voudrais des bananes. ....

* C'est le point déterminant.

4 Le datif

Cours

C'est un autre cas du groupe nominal.
Il répond à la question *Wem?* à qui ?

1. La déclinaison du datif

Les articles prennent les marques : *-m* pour le masculin et le neutre, *-r* pour le féminin et *-n* ou *-(e)n* sur les noms au pluriel :

Ich gebe ***dem/einem*** *Ausländer* (masc.) *eine Auskunft.*

→ Je donne un renseignement à l'étranger/à un étranger.

Ich schenke ***der/einer*** *Dame* (fém.) *Blumen.* → J'offre des fleurs à la/une dame.

Er bringt ***dem/einem*** *Kind* (neutre) *ein Spielzeug.* → Il apporte un jouet à l'enfant.

Sie erzählen ***den*** *Elter****n*** (pl.) *eine Geschichte.*

→ Ils racontent une histoire aux parents.

2. L'emploi du datif après certains verbes

On utilise également le datif après certains verbes comme *helfen, danken*, contrairement au français. En français, ces verbes se construisent simplement avec un complément d'objet direct :

Ich helfe ***dem*** *Freund.* → J'aide l'ami.

*Du dankst dein****en*** *Eltern.* → Tu remercies tes parents.

3. La place du complément d'objet second ou complément d'attribution dans la phrase

Le complément au datif précède celui à l'accusatif :

Thomas schenkt ***seiner Freundin*** (datif) *eine Rose* (accusatif) → Thomas offre une rose à son amie.

Mais attention, c'est l'inverse quand ils sont sous forme de pronoms :

Er schenkt ***sie*** (*die Rose*, acc.) ***ihr*** (*seiner Freundin*, dat.) → Il la lui offre.

4. L'emploi du datif après certaines prépositions

On utilise également le datif après certaines prépositions comme *mit* (avec), *bei* (chez), *seit* (depuis), etc. (cf. le cas des prépositions) :

Ich schreibe mit ***einem*** *Füller.* → J'écris avec un stylo.

Meine Kusine wohnt bei ***meinen*** *Elter****n***. → Ma cousine habite chez mes parents.

Seit ***einer*** *Woche bin ich krank* → Je suis malade depuis une semaine.

5. Le datif pour marquer le lieu où l'on est

Le datif sert aussi à marquer le lieu où l'on se trouve, en réponse à la question *Wo?* : *Wo arbeitest du? – In* ***der*** *Fabrik* → Où travailles-tu ? – À l'usine.

Exercices

LEICHT

1 Soulignez les formes au datif dans ces phrases.

1. Jens bringt dem Opa eine Zeitung.
2. Du gibst der Mutter Blumen.
3. Die Großmutter singt dem Baby ein Lied vor.
4. Wem schenkst du das Buch?
5. Sie erzählen den Freunden eine Geschichte.
6. Was willst du dem Direktor erzählen?

MITTEL

2 Répondez aux questions à l'aide des noms indiqués.

Wem gehört? À qui appartient ?
Der Computer? (die) Sekretärin. → Wem gehört der Computer?
Er gehört der Sekretärin. ....

1. Die Uniform? (der) Briefträger ....
2. Die Perücke? (der) Clown ....
3. Die Puppe? (der) Junge ....
4. Das Bilderbuch? (die) Kinder ....
5. Die Sporttaschen? (die) Schüler ....

SCHWER

3 Construisez des phrases avec les éléments suivants.

1. er – Freundin – einen Kuchen – der – kauft. ....
....
2. meinem – ein – ich – Medikament – Vater – bringe. ....
....
3. Katze – sie – der – gibt – Milch. ....
....
4. Ober – den – Bier – Gästen – der – holt. ....
....
5. die – geben – Fräulein – Gäste – dem – Trinkgeld – ein. ....
....

* Chacun son tour.

5 Le génitif

Cours

Le génitif est le quatrième cas de la déclinaison qui sert à marquer l'appartenance. Il est utilisé pour répondre à la question *Wessen?*, interrogatif qui est toutefois moins employé qu'autrefois dans la langue de tous les jours.

Wessen Haus ist das?

→ De qui est-ce la maison ? C'est la maison de qui ?

*Es ist das Haus **des** (meine**s**) Großvater**s**.*

→ C'est la maison du (de mon) grand-père.

*Es ist das Haus **der** (meine**r**) Großmutter.*

→ C'est la maison de la (de ma) grand-mère.

*Es ist das Haus **der** (meine**r**) Eltern.*

→ C'est la maison des (de mes) parents.

remarques

Il est maintenant plus courant d'utiliser la forme *Wem gehört das Haus?* À qui appartient la maison ? en utilisant l'interrogatif *Wer?* au datif.

1. Les désinences

On ajoute la marque *-s* sur l'article et sur les noms masculins et neutres et seule la marque *-r* sur l'article féminin et pluriel :

*Dieser Wagen ist der Wagen **des** Direktor**s**.* → Cette voiture est la voiture du directeur.

*Ist das nicht das Rezept **der** Köchin?* → N'est-ce pas la recette de la cuisinière ?

*Die Farben **der** Herbstblätter sind schön.* → Les couleurs des feuilles d'automne sont belles.

2. Les noms masculins faibles

Les noms appelés masculins faibles ne prennent pas la marque *-s*, mais *-n* ou *-en* :

*Das Buch **des** Student**en*** → le livre de l'étudiant

*Die Reportage **des** Journalist**en*** → le reportage du journaliste

3. Le génitif saxon

Le génitif saxon est une autre manière d'exprimer un complément du nom. Il s'emploie uniquement avec les noms propres. Cette forme s'apparente au cas possessif en anglais :

*Das ist Peter**s** Moped.* → C'est la moto de Peter.

*Ingrid**s** Auto ist ganz neu.* → La voiture d'Ingrid est toute neuve.

*Frau Müller**s** Adresse* → l'adresse de Madame Müller

Le nom propre prend la marque *-s* et n'est précédé ni suivi d'aucun déterminatif.

Exercices

LEICHT

1 Associez les deux mots pour faire apparaître une forme au génitif.

1. das Fahrrad – der Briefträger
2. das Haus – ein Freund
3. die Kinder – die Nachbarn
4. das Kleid – die Mutter
5. der Erfolg (le succès) – ein Theaterstück (une pièce de théâtre)
6. die Musik – das Orchester
7. die Comics – die Kinder
8. das Geld – der Millionär
9. der Computer – die Sekretärin
10. Die Uniform– der Soldat

MITTEL

2 Traduisez les phrases suivantes.

1. la maison du peintre (der Maler) ....
2. le prix d'une voiture ....
3. l'adresse du médecin ....
4. le cadeau de Jochen ....
5. la sœur de mes parents ....
6. la valise (der Koffer) de mon oncle ....
7. le livre de mon amie ....
8. la montre du professeur ....

SCHWER

3 Complétez les phrases suivantes.

1. Gestern haben die Schüler d.... Gymnasium.... einen Theaterabend gegeben.
2. Der Titel d.... Theaterstück.... war: „Das Haus d.... Vampire".
3. Die Arbeit d.... Regisseur.... (metteur en scène) war prima (super).
4. Ein Reporter d.... Rheinzeitung hat Fotos gemacht.
5. Der Erfolg d.... Theaterabend.... war sehr groß.
6. Das Publikum d....Theater.... war begeistert (enchanté).

* Chacun est l'artisan de sa fortune.

6 Les pronoms personnels

Cours

Un pronom personnel remplace un groupe nominal.

Siehst du den Garten dort? → Vois-tu le jardin là-bas ?
*Siehst du **ihn** dort?* → **Le** vois-tu là-bas ?
Siehst du auch die Kirche? → Vois-tu aussi l'église ?
*Ja, ich sehe **sie**. Siehst du das Rathaus?*
→ Oui, je **la** vois. Vois-tu l'hôtel de ville ?
*Ja, ich sehe **es**. Siehst du die Kinder?*
→ Oui, je **le** vois. Vois-tu les enfants ?
*Ja, ich sehe **sie**.* → Oui, je **les** vois.

1. Les différentes formes du pronom personnel

Les pronoms personnels se déclinent selon la fonction qu'ils occupent dans la phrase.

	Nominatif	Accusatif	Datif
1re pers. du sing.	ich	mich	mir
2e pers. du sing.	du	dich	dir
3e pers. du sing.	er, sie, es	ihn, sie, es	ihm, ihr, ihm
1re pers. du plur.	wir	uns	uns
2e pers. du plur.	ihr	euch	euch
3e pers. du plur.	sie, Sie	sie, Sie	ihnen, Ihnen

2. La place des compléments dans la phrase

Le pronom personnel à l'accusatif précède le pronom personnel au datif :

Ich zeige meiner Schwester meine Spielzeuge. → Je montre mes jouets à ma sœur.
Ich zeige sie ihr. → Je les lui montre.
Die Lehrerin gibt den Schülern Bonbons.
→ La maîtresse donne des bonbons aux enfants.
Sie gibt sie ihnen. → Elle les leur donne.

3. La forme de politesse

La troisième personne du pluriel avec majuscule correspond à la forme de politesse :

*Frau Schmidt, nehmen **Sie** die Blumen mit!* → Madame Schmidt, emportez les fleurs !

4. La forme du pronom réfléchi

Le pronom réfléchi « se » se traduit par *sich* aussi bien à l'accusatif qu'au datif :

Er wäscht sich (acc.) *im Badezimmer.* → Il se lave dans la salle de bains.
Er wäscht sich (dat.) *die Hände.* → Il se lave les mains.

Exercices

LEICHT

1 Soulignez les pronoms personnels à l'accusatif (singulier ou pluriel).

1. Ich rufe dich morgen an und du holst mich ab.
2. Hole die Gläser und stelle sie auf den Tisch!
3. Hast du uns zufällig getroffen?
4. Ich habe euch im Park gesehen.
5. Er findet mich nett und ich finde sie schön.

MITTEL

2 Remplacez les groupes nominaux en couleur par des pronoms personnels de la 3e personne (singulier ou pluriel).

1. Paul .... sucht seine Eltern ....
2. Jochen .... klingelt bei seiner Freundin ....
3. Vater .... sucht seine Schlüssel ....
4. Der Junge .... gibt seinem Freund .... den Stadtplan.
5. Die Tante .... sucht ihre Brille ....

SCHWER

3 Traduisez les phrases suivantes.

1. Frag ihn doch! ....
2. Wie findest du sie? ....
3. Zeig mir mal das Buch! ....
4. Donne-le-moi (le livre) ! ....
5. Je lui ai tout dit. ....

* Ce ne sont que des détails.

7 Les adjectifs possessifs

Cours

1. L'emploi des adjectifs possessifs

On les emploie pour exprimer l'appartenance. Ils se déclinent au singulier sur le modèle de l'article indéfini *ein*, *eine* et au pluriel sur le modèle de l'article défini pluriel *die* :

mein Hund → mon chien • *meine Katze* → mon chat • *meine Tiere* → mes animaux

Les adjectifs possessifs pour les personnes du singulier : mon/ma/mes, ton/ta/tes, son/sa/ses

Masculin	Féminin	Neutre	Pluriel
mein Hund	meine Katze	mein Pferd	meine Tiere
dein Hund	deine Katze	dein Pferd	deine Tiere
sein/ihr Hund	seine/ihre Katze	sein/ihr Pferd	seine/ihre Tiere

2. L'adjectif possessif de la troisième personne du singulier

À la troisième personne, il faut faire attention au genre du possesseur.

• Si le possesseur est masculin ou neutre, on utilise *sein* :

der Vater und sein Auto → le père et sa voiture.

• Si le possesseur est féminin, on utilise *ihr* :

Die Mutter *und* ihr Auto → la mère et sa voiture.

3. Les adjectifs possessifs au pluriel

Pour les personnes au pluriel : notre/nos, votre/vos, leur, leurs

unser Hund	unsere Katze	unser Pferd	unsere Tiere
euer Hund	eure Katze	euer Pferd	eure Tiere
ihr/Ihr Hund	ihre/Ihre Katze	ihr/Ihr Pferd	ihre/Ihre Tiere

Unsere Katze heißt Mieze. → Notre chat s'appelle Mieze.

Meiers haben viele Tiere. Wie heißen ihre Tiere?

→ Les Meier ont beaucoup d'animaux. Comment s'appellent leurs animaux ?

4. L'adjectif possessif à la forme de politesse

Il prend obligatoirement une majuscule : *Ihr/Ihre*

Und Ihr Hund, Herr Bieber? → Et votre chien, Monsieur Bieber ?

Und Ihre Schildkröte? → Et votre tortue ?

Exercices

LEICHT

1 a. ou b. ? Choisissez l'adjectif qui convient.

1. Johanna lernt **a. seine** **b. ihre** Lektion.
2. Die Kinder machen **a. ihre** **b. seine** Aufgaben.
3. Er wohnt in Berlin mit **a. seinen** **b. ihren** Kindern.
4. Wo hast du **a. deinen** **b. seinen** Fotoapparat gekauft?
5. Wir haben **a. eure** **b. unsere** Ferien in Deutschland verbracht.
6. Sie findet **a. seine** **b. ihre** Tasche nicht
7. Wie haben alle **a. unsere** **b. eure** Sachen.
8. Ich sehe die Nachbarn. Aber wo sind **a. seine** **b. ihre** Kinder?
9. Wo haben Sie **a. Ihr** **b. ihr** Portemonnaie verloren?
10. Habt ihr **a. eure** **b. deine** Butterbrote mitgenommen?

MITTEL

2 Complétez à l'aide d'un adjectif possessif.

1. Gehört dieser Wagen deinem Freund? Ja, es ist .... Wagen.
2. Ist das dein Bilderbuch? Ja, es ist .... Bilderbuch.
3. Was sucht er? Er sucht .... Fotoapparat.
4. Kinder, nehmt .... Bücher!
5. Frau Müller, ist dieser Apparat .... Apparat?
6. Inge, was hast du mit .... Bluse gemacht?
7. Wo ist .... Computer, Herr Müller?

SCHWER

3 Traduisez les phrases suivantes.

1. Sabine a perdu son portable. ....
2. Je n'ai pas son numéro de téléphone (Peter). ....
3. Quelle est votre adresse email, Monsieur Müller ? ....
....
4. Je ne suis pas dans mon bureau. ....
5. Donne-moi tes affaires. ....
6. Mes valises sont très lourdes. ....
7. Elle veut son jeu vidéo. ....

* Il n'en croit pas ses yeux.

8 Les pronoms interrogatifs

Cours

Les pronoms interrogatifs sont :
– soit invariables et non déclinables,
– soit déclinables.

1. Les invariables : l'expression du sujet ou du COD

was? → que ? • *Was willst du machen?* → Que veux-tu faire ?

2. Les invariables : l'expression de la manière ou de la quantité

wie? → comment ? • *Wie machst du das?* → Comment fais-tu cela ?
Wie alt bist du? → Quel âge as-tu ? • *wie viel?* → combien ?
Wie viel kostet diese ***Hose****?* → Combien coûte ce pantalon ?

3. Les invariables : l'expression du temps

wann? → quand ?
Wann kommst du zu uns? → Quand vien(dra)s-tu chez nous ?
seit wann? → depuis quand ?
Seit wann lernst du Deutsch? → Depuis quand apprends-tu l'allemand ?

4. Les invariables : l'expression de la cause

warum? → pourquoi ? • *Warum bist du so traurig?* → Pourquoi es-tu si triste ?

5. Le lieu où l'on est, où l'on va, d'où l'on vient

wo? → où ? (locatif, lieu où l'on est) • *Wo seid ihr?* → Où êtes-vous ?
wohin? → où ? (directionnel, lieu où l'on va)
Wohin willst du gehen? → Où veux-tu aller ?
woher? → d'où ? (provenance)
Woher kommt dieses Paket? → D'où vient ce paquet ?

6. Les déclinables : l'expression de l'identité

wer? (nom.) *wen?* (acc.) *wem?* (dat.) → qui ?
Wer kommt denn da? → Mais qui vient là ?
Wen hast du gestern getroffen? → Qui as-tu rencontré hier ?
Mit wem hast du gesprochen? → Avec qui as-tu parlé ?

7. Les déclinables : l'expression du choix

Welch-er*, *-e*, *-es*, *e (pl.), **lequel, laquelle, lesquels ? se déclinent sur le modèle de *der*** : *Welcher heißt Paul?* → Lequel s'appelle Paul ?
was für ein? → quelle sorte de ? **Il se décline sur le modèle de *ein*.**
Was für ein Museum ist die Pinakothek? → Quelle sorte de musée est la pinacothèque ?

Exercices

LEICHT

1 *Richtig oder falsch?* Vrai ou faux ?

	richtig	falsch
1. Pour demander : « où vas-tu ? », on dit : *„wohin gehst du?"*	☐	☐
2. « *Wer* » est un pronom invariable.	☐	☐
3. Pour dire « à quelle heure viens-tu ? », on dit : *„Um wieviel Uhr kommst du?"*	☐	☐
4. Dans *„Wen hast du getroffen?"*, *Wen* est à l'accusatif (COD).	☐	☐
5. *„Was siehst du?"* se traduit en français par « Qui vois-tu ? ».	☐	☐
6. Je veux dire : quelle sorte d'animal est-ce ? dois-je dire : *Welches Tier ist das?*	☐	☐

MITTEL

2 Complétez par le pronom interrogatif qui convient.

1. Mit w.............. gehst du ins Kino?
2. W.............. beginnen die Ferien?
3. W.............. machst du mit dieser Maschine?
4. W.............. heißt dieses Wort auf Französisch?
5. W.............. kommt Peter immer spät nach Hause?
6. W.............. besucht uns der Onkel?
7. Wie v.............. Uhr ist es?

SCHWER

3 Construisez des phrases interrogatives à partir des éléments en couleur.

1. Das Wetter ist heute **warm**. → ....
2. Er kauft **dir** einen Goldfisch. → ....
3. Sie haben **drei** Hunde. → ....
4. **Hier** ist der Unfall passiert. → ....
5. Sie geht **mit ihm** ins Kino. → ....
6. **Die Arbeit** macht ihn kaputt. → ....
7. Mein Freund kommt **aus München**. → ....

* Il mange pour quatre.

9 Les nombres cardinaux et ordinaux

Cours

Les nombres cardinaux et ordinaux nous sont indispensables, nous les utilisons tous les jours du matin au soir sans y penser, ils rythment notre quotidien et souvent le régentent !

1. Les nombres ordinaux de 0 à 12

De 0 à 12, il faut les apprendre par cœur :

0 → *null* 1 → *eins* 2 → *zwei* 3 → *drei* 4 → *vier*
5 → *fünf* 6 → *sechs* 7 → *sieben* 8 → *acht* 9 → *neun*
10 → *zehn* 11 → *elf* 12 → *zwölf*

2. Les nombres ordinaux de 13 à 19

De 13 à 19, les unités précèdent les dizaines :

13 → *dreizehn* 14 → *vierzehn* 15 → *fünfzehn*
18 → *achtzehn* 19 → *neunzehn*

Deux exceptions :

16 → *sechzehn*, *sechs* a perdu son ***-s***.
17 → *siebzehn*, *sieben* a perdu sa finale ***-en***.

3. La formation des dizaines

Pour former les dizaines, on ajoute ***-zig*** au chiffre :

40 → *vierzig* 50 → *fünfzig* 80 → *achtzig* 90 → *neunzig*

Attention à 20 → *zwanzig*, 30 → *dreißig*, 70 → *siebzig*.

Les unités qui accompagnent une dizaine la précèdent et se rattachent à elle par ***und*** :

72 → *zweiundsiebzig*

Exception : *eins* perd son *-s* dans ce cas : 91 → *einundneunzig*

4. Cent, mille et plus

100 → *hundert*, 1000 → *tausend*, un million → *eine Million*, un milliard → *eine Milliarde*

5. Les nombres ordinaux

Du 1er au 19e, on ajoute ***-te*** au nombre et on le décline comme un adjectif épithète :

Paris, den 13. (dreizehnten) November

Exceptions : le 1er → ***der erste***, le 3e → ***der dritte***, le 7e → ***der siebte***, le 8e → ***der achte*** (on ne double pas son *t* final.)

À partir du 20e, on ajoute ***-ste*** au nombre et on le décline comme un adjectif épithète :

Paris, den 20. (zwanzigsten) November

*EINS, ZWEI, PAPAGEI, DREI, VIER, OFFIZIER, FÜNF, SECHS, ALTE HEX', SIEBEN, ACHT, GUTE NACHT, NEUN, ZEHN, AUF WIEDERSEHEN, ELF, ZWÖLF, ES KOMMEN DIE WÖLF'.

Exercices

LEICHT

1 Résolvez les opérations suivantes en écrivant les résultats en lettres.

1. 10 x 100 = ...
2. 3 + 18 = ...
3. 60 x 6 = ...
4. 500 – 432 = ...
5. 50 ÷ 2 = ...
6. 42 – 15 = ...

MITTEL

2 Écrivez en lettres la date de ces découvertes allemandes.

1. Die Ultraviolettstrahlung: 1801 ....
2. Erste deutsche Lokomotive: 1841 ....
3. Mendelsche Gesetze: 1865 ....
4. Dynamo von Siemens: 1867 ....
5. Viertaktmotor: 1876 ....
6. Die Röntgenstrahlen: 1895 ....
7. Luftschiff des Grafen Zeppelin: 1900 ....
8. Einsteins Relativitätstheorie: 1905 ....
9. Entdeckung der Blutgruppen: 1930 ....
10. Künstliche Spaltung des Atoms: 1938 ....

SCHWER

3 Traduisez les phrases suivantes.

1. Sur la photo, mon frère est le troisième à droite. ....
2. Il est né après la Première Guerre mondiale. ....
3. C'est la première fois que tu me le dis. ....
4. Tu me l'as déjà dit cent fois. ....
5. Ma première voiture était une Volkswagen. ....

un, deux, perroquet, trois, quatre, officier, cinq, six, vieille sorcière, sept, huit, bonne nuit, neuf, dix, au revoir, onze, douze, les loups arrivent.

10 Dire l'heure

Cours

Il existe deux façons de dire l'heure : l'heure officielle et l'heure utilisée couramment dans la vie quotidienne.

1. L'heure officielle

L'heure officielle est la plus simple, il suffit de savoir les nombres. Elle répond à la question : *Wie viel Uhr ist es?* ou *Wie spät ist es?*

Es ist vierzehn Uhr fünfundvierzig. → Il est 14 h 45.

Es ist dreiundzwanzig Uhr dreißig. → Il est 23 h 30.

Es ist sechzehn Uhr fünfzehn. → Il est 16 h 15.

2. L'heure utilisée dans la vie de tous les jours

- **La première demi-heure**

Pour la première demi-heure, l'ordre est le suivant :
minutes + *nach* (après) + l'heure qui ne dépasse jamais 12.

Es ist zehn nach zwei. → Il est 14 h 10 (littéralement, dix minutes après deux heures = 2 h 10).

***Uhr* s'emploie uniquement avec les heures pleines et de façon facultative :**
Es ist eins **ou bien** *Es ist ein Uhr.*

- **L'expression du quart d'heure**

Pour les quarts d'heure, on emploie (*ein*) *Viertel* :

Es ist Viertel nach sechs (mot à mot un quart d'heure après six).
→ Il est six heures un quart.

Es ist Viertel vor sechs (mot à mot un quart d'heure avant six).
→ Il est six heures moins le quart.

- **L'expression de la demi-heure**

Il faut faire attention à la demi-heure.
Quand le Français dit : il est quatre heures et demie, il pense à la demi-heure qui suit quatre heures, l'Allemand, lui, pense à la demi-heure avant cinq heures :

Es ist halb fünf (mot à mot une demi-heure avant cinq heures).
→ Il est quatre heures et demie.

Es ist halb drei. → Il est deux heures et demie.

- **L'expression de la deuxième demi-heure**

Pour la deuxième demi-heure, l'ordre est le suivant :
minutes + *vor* (avant) + l'heure qui suit

Es ist Viertel vor sechs. → Il est six heures moins le quart.

Es ist zehn vor sieben. → Il est sept heures moins dix.

Exercices

LEICHT

1 Classez ces heures de la matinée dans l'ordre chronologique.

1. Es ist zwanzig nach acht. ☐
2. Es ist zehn nach sechs. ☐
3. Es ist halb zwölf. ☐
4. Es ist Viertel vor elf. ☐
5. Es ist Viertel vor sechs. ☐
6. Es ist fünf nach zehn. ☐
7. Es ist fünf vor neun. ☐

MITTEL

2 Reliez les deux expressions qui signifient la même heure.

1. Es ist achtzehn Uhr dreißig. •	• Es ist fünfundzwanzig nach eins.
2. Es ist sieben Uhr fünfundvierzig. •	• Es ist zehn nach neun.
3. Es ist dreizehn Uhr fünfundzwanzig. •	• Es ist fünf nach drei.
4. Es ist fünfzehn Uhr vierzig. •	• Es ist halb sieben.
5. Es ist einundzwanzig Uhr zehn. •	• Es ist zwanzig vor vier.
6. Es ist drei Uhr fünf. •	• Es ist Viertel vor acht.

SCHWER

3 Exprimez l'heure de deux façons différentes.

	L'heure officielle	L'heure familière
11 h 10		
17 h 30		
22 h 50		
14 h 35		
19 h 15		

* Mieux vaut tard que jamais.

11 L'adjectif avec l'article défini

Cours

Contrairement aux adjectifs attributs invariables, les adjectifs épithètes prennent une terminaison selon le déterminant qui les précède, le genre, le nombre et la fonction du nom qu'ils accompagnent.

1. Le sujet (nominatif)

Au nominatif (groupe sujet ou attribut du sujet), les articles définis précisent le genre, on ajoute simplement un ***-e*** à l'adjectif :

Masculin	Féminin	Neutre
der alte Wagen	die alte Maschine	das alte Fahrrad

2. Le complément d'objet direct (accusatif)

À l'accusatif (COD et après certaines prépositions), les formes du féminin et du neutre sont identiques à celles du nominatif. Seul le masculin se distingue :

Nominatif masculin singulier	Accusatif masculin singulier
der alte Wagen	den alten Wagen

3. Le complément d'attribution ou complément d'objet indirect (datif)

Au datif (complément d'attribution qui répond à la question : à qui ? à quoi ? et après certaines prépositions), le masculin et le neutre ont des formes identiques :

Masculin	Neutre	Féminin
dem alten Wagen	dem alten Fahrrad	der alten Maschine

4. Le complément du nom (génitif)

Le génitif est également utilisé après certaines prépositions.

Masculin	Neutre	Féminin
des alten Wagens	des alten Fahrrads	der alten Maschine

5. Le pluriel

Les adjectifs prennent la terminaison ***-en* à tous les cas.**

6. Quels déterminants suivent le modèle de l'article défini ?

Au singulier : ***dieser*** (ce), ***jener*** (ce ...-là), ***jeder*** (chaque), ***mancher*** (plus d'un), ***welcher*** (quel ...)

Au pluriel : ***diese***, ***jene***, ***alle*** (tous les), ***welche*** (quels), les adjectifs possessifs pluriels et ***keine*** suivi d'un pluriel.

Exercices

LEICHT

1 Complétez la terminaison de l'adjectif.

1. dieser schön...... Park
2. die klein...... Boutiquen
3. die lustig...... Rolle der bös...... Hexe
4. mit dem schwarz...... Auto
5. die groß...... Villa
6. mit den gelb...... Taxis
7. welches wild...... Kind?
8. die romantisch...... Bungalows in der afrikanisch...... Savanne
9. die bekannt...... Moderatorin

MITTEL

2 Choisissez la bonne terminaison.

1. Ich danke dir für die schön...... Blumen. **a. schönen b. schöne**
2. Hast du das alt...... Fotoalbum verloren? **a. alte b. alten**
3. Dieser Architekt hat in diesem Stadtviertel alle alt...... Häuser renoviert. **a. alte b. alten**
4. Hast du keine ander...... Buntstifte? (des crayons de couleur)
   a. andere b. anderen
5. Ein Nein zur recht...... Zeit erspart viel Widerwärtigkeit.
   a. rechten b. rechter (Dire non à temps épargne bien des ennuis.)

SCHWER

3 Traduisez les phrases suivantes.

1. Il va au cinéma avec ses jeunes enfants. ....

....

2. Vois-tu ce chien noir ? ....
3. Quel nouveau pantalon achètes-tu ?...

....

4. La plante verte coûte dix euros. ....

....

5. C'est à Munich que j'ai mangé les meilleures saucisses blanches. ....

....

6. Je pars pour Berlin avec cette voiture neuve.....................................

....

* Partons à l'aventure !

12 L'adjectif avec l'article indéfini

Cours

Contrairement aux adjectifs attributs invariables, les adjectifs épithètes prennent une terminaison selon le déterminant qui les précède, le genre, le nombre et la fonction du nom qu'ils accompagnent. Ce modèle n'existe qu'au singulier car l'article partitif *des* n'existe pas en allemand :

ein Wagen → une voiture • *Wagen* → des voitures

1. Le sujet (nominatif)

Au nominatif (groupe nominal sujet ou attribut du sujet), la terminaison des adjectifs reflète leur genre :

Nominatif masculin	Nominatif féminin	Nominatif neutre
ein alter Wagen	eine alte Maschine	ein altes Fahrrad

2. Le complément d'objet direct (accusatif)

À l'accusatif (COD et après certaines prépositions), les formes du féminin et du neutre sont identiques à celles de leur nominatif :

Accusatif masculin	Accusatif féminin	Accusatif neutre
einen alten Wagen	eine alte Maschine	ein altes Fahrrad

Seul le masculin se distingue :

Einen alten Baum verpflanzt man nicht. → *La vieillesse est hostile aux changements.*

3. Le complément d'attribution ou complément d'objet second (datif)

Au datif (complément d'attribution qui répond à la question à qui ? à quoi ? et après certaines prépositions), le masculin et le neutre ont des formes identiques :

Masculin	Neutre	Féminin
einem alten Wagen	einem alten Fahrrad	einer alten Maschine

Seul le féminin se distingue.

4. Le complément du nom (génitif)

Au génitif (complément du nom et après certaines prépositions), le masculin et le neutre ont des formes identiques :

Masculin	Neutre	Féminin
eines alten Wagens	eines alten Fahrrads	einer alten Maschine

5. *Ein* sert de modèle

- à l'article indéfini ***kein*** (pas un, pas de, aucun) ;
- aux adjectifs possessifs singuliers ***mein***, ***dein***, ***sein/ihr***, ***unser***, etc.

Exercices

LEICHT

1 Complétez la terminaison de l'adjectif.

1. sein groß...... Haus in einem klein...... Dorf
2. deine best...... Freundin
3. ein ander...... Wörterbuch
4. unser schwarz...... Hund mit einem rot...... Halsband
5. keine gut...... Note
6. seine warm...... Jacke
7. ein gefährlich...... Spiel
8. die Rolle eines grausam...... Gangsters

MITTEL

2 a. ou b. ? Choisissez la terminaison de l'adjectif qui convient.

1. Diese Kinder kommen aus einer bekannt...... Familie.
   a. bekannte **b. bekannten**
2. Wohin willst du mit meinem alt...... Fahrrad? **a. alte** **b. alten**
3. Mein neu...... Computer ist schon kaputt. **a. neues** **b. neuer**
4. Unsere Freunde kommen aus einer ander...... Stadt.
   a. anderen **b. andere**
5. Einem geschenkt...... Gaul sieht man nicht ins Maul.
   a. geschenkte **b. geschenkten** (On ne regarde pas la bouche d'un vieux cheval qu'on vous a donné = tout cadeau est bon à prendre.)

SCHWER

3 Traduisez les phrases suivantes.

1. Que coûte une Volkswagen neuve ? ....

....

2. Ça fait une demi-heure que je t'attends. ....

....

3. Quand as-tu ton prochain rendez-vous chez le dentiste ? ....

....

4. Enfile un manteau chaud. ....
5. N'oublie pas ton nouveau parapluie. ....

....

* Mot à mot : un livre intelligent, astucieux
un ouvrage de référence.

13 L'adjectif utilisé sans article

Cours

Quand aucun article ne le précède, l'adjectif épithète prend la terminaison qu'aurait l'article défini s'il était là, sauf aux génitifs singuliers masculin et neutre où il prend la terminaison *-en*, le *-s* ajouté au nom suffisant à indiquer qu'il s'agit d'un génitif.

1. La déclinaison de l'adjectif sans article

	Singulier Masculin	Féminin	Neutre	Pluriel
Nominatif	guter Kohl	gute Butter	gutes Brot	gute Würste
Accusatif	guten Kohl	gute Butter	gutes Brot	gute Würste
Datif	gutem Kohl	guter Butter	gutem Brot	guten Würsten
Génitif	guten Kohls	guter Butter	guten Brotes	guter Würste

*Sie isst gern weichgekocht**e** Eier.* → Elle aime les œufs à la coque.
*Er steht auf eigen**en** Füß**en**.* → Il vole de ses propres ailes.
*Trinkst du grün**en** Tee?* → Bois-tu du thé vert ?

2. Les adjectifs indéfinis *einige, etliche, mehrere, viele, wenige*

***Einige*, *etliche*, *mehrere*, *viele*, *wenige* suivent le modèle de déclinaison de l'adjectif sans article :**

einige → quelques • *etliche* → pas mal de • *mehrere* → plusieurs • *viele* → beaucoup de • *wenige* → peu de

*Etlich**e** jung**e** Mediziner in Deutschland wollen lieber in der Stadt als auf dem Land praktizieren.*
→ Beaucoup de jeunes médecins en Allemagne préfèrent exercer en ville plutôt qu'à la campagne.

*Wie viel**e** ander**e** Hotels beschäftigt dieses Hotel im Sommer Arbeiter aus anderen EU-Ländern.*
→ Comme beaucoup d'autres hôtels, cet hôtel emploie des travailleurs d'autres pays de l'Union européenne.

*Wenig**e** Jugendlich**e** können sich ein Leben ohne Smartpfones vorstellen.*
→ Peu d'adolescents peuvent imaginer une vie sans smartphone.

Exercices

LEICHT

1 Was kann ich dir wünschen?
Complétez par la terminaison qui convient.

Ich wünsche dir...

1. gut...... Morgen!
2. gut...... Tag!
3. gut...... Reise!
4. süß...... Träume!
5. gut...... Nacht!
6. schön...... Ferien!
7. gut...... Abend!
8. gut...... Appetit!
9. süß...... Wein
10. gut...... Freunde!

MITTEL

2 a. *oder* b.? Choisissez la terminaison qui convient.

1. saftig...... Birnen **a. saftige b. saftigen**
2. dürr...... Holz → du bois mort **a. dürres b. dürren**
3. groß...... Dummheiten **a. großen b. große**
4. wir warten schon voll...... zwanzig Minuten **a. vollem b. volle**
5. aus gut...... Gründen **a. guten b. gutem**
6. kandiert...... Früchte → des fruits confits **a. kandierte b. kandierten**
7. ohne ersichtlich...... Grund → sans raison apparente
   a. ersichtliche b. ersichtlichen

SCHWER

3 Complétez ces expressions populaires et reliez-les à la bonne traduction.

1. Es ist alt...... Schnee. •	• On en revient toujours à ses premières amours.
2. Er läuft mit qualmend...... Socken. •	• C'est une vieille histoire.
3. Alt...... Liebe rostet nicht. •	• Il est dans les nuages.
4. Er schläft mit offen...... Augen. •	• Il déguerpit sans demander son reste.

* Mot à mot : Les nouveaux balais balaient bien
Tout beau, tout nouveau

14 Les prépositions suivies de l'accusatif

Cours

Les prépositions suivies de l'accusatif sont au nombre de huit : ***bis, durch, entlang, für, gegen / wider, ohne, um.***

1. *Bis* : jusqu'à, jusqu'au

Wie lange arbeitest du in diesem Büro? ***Bis*** *nächst**en** September*
→ Jusqu'à quand travailleras-tu dans ce bureau ? Jusqu'à début septembre.

2. *Durch* : à travers

Sie bummelt ***durch die*** *Stadt.* → Elle fait un tour en ville.
Er ist der Polizei ***durch die*** *Lappen gegangen.*
→ Il est passé entre les mailles du filet de la police.
Wenn die Welt ***durch*** *Krisen und Kriege bedrohlich erscheint, dann sammeln sich die Menschen um**s** heimische Kaminfeuer.*
→ Quand les crises et les guerres du monde semblent menacer les hommes, ils se réunissent autour du feu de la cheminée familiale.

3. *Entlang* précédé d'un substantif

Die Boote legen am Kai an, und die Touristen gehen ***die*** *Mole* ***entlang****.*
→ Les bateaux accostent au quai et les touristes longent le môle.

4. *Für* : pour

Dieses Geschenk ist ***für*** *dein**e** Großeltern.* → Ce cadeau est pour tes grands-parents.
In Deutschland muss man ***für*** *ein**en** Hund eine Steuer zahlen.*
→ En Allemagne, la possession d'un chien est soumise à l'impôt.
Jeden Sonntag demonstrieren Bürger mit Fahnen, Luftballons und Menschenketten ***für*** *ein vereint**es** Europa.* → Tous les dimanches, des citoyens manifestent avec des drapeaux, des ballons et des chaînes humaines en faveur d'une Europe unie.

5. *Gegen / wider* : contre

Sie tauschen ihre alten Comics ***gegen*** *ein Videospiel.*
→ Ils échangent leurs vieilles BD contre un jeu vidéo.

6. *Ohne* : sans

Ich fahre nicht ***ohne*** *mein**e** Katze in die Ferien.*
→ Je ne pars pas en vacances sans mon chat.

7. *Um* (parfois renforcé par *herum*) : autour de

Sie biegt ***die*** *Ecke herum.* → Elle tourne au coin de la rue.

Exercices

LEICHT

1 Complétez à l'aide de prépositions suivies de l'accusatif :

bis • durch • um • für • entlang • ohne

1. Ich danke dir .... dein Geschenk.
2. Viele Sportler laufen heute in bunter Sportkleidung .... die Natur.
3. Warte .... nächste Woche.
4. Dieser Journalist verfasst viele Texte .... die Zeitung.
5. Sie müssen noch drei Kilometer .... den Wald.
6. Auge .... Auge, Zahn .... Zahn.

MITTEL

2 Complétez les phrases suivantes.

1. .... einen Maler ist die Kunst eine Möglichkeit zu leben.
2. Wir sind .... weiter.............. Informationen.
3. Die Lanze drang ihm .... d.............. Herz.
4. Kannst du die Tür .... d.............. Schlüssel öffnen?
5. Er interessiert sich nur .... s.............. Karriere.
6. Er protestiert .... d.............. Preis dieser Hose.

SCHWER

3 Traduisez les phrases suivantes.

1. Il est allé seul au cinéma sans moi ! ....

....

2. Cet enfant doit passer une semaine à l'hôpital. ....

....

3. Il ne vit que pour son art. (die Kunst) ....

....

4. Il traversa le Rhin à la nage. ....
5. Le garçon jette des pierres contre la fenêtre. ....

....

6. Nous longeons le fossé (der Graben). ....

....

* Mot à mot : Saucisse contre saucisse
C'est donnant, donnant.

15 Les prépositions suivies du datif

Cours

Les prépositions suivies du datif sont au nombre de sept : *aus, bei, mit, nach, seit, von, zu*.

1. *Aus* : hors de, en + une matière

*Ist er Amerikaner? Nein, er kommt **aus** Australien.*
→ Est-il américain ? Non, il vient d'Australie.
*Ist dein Ring **aus** Gold?* → Ta bague est-elle en or ?

2. *Bei* : chez qqn (on y est), lors de

*Sie wohnt **bei** ihre**n** Elter**n**.* → Elle habite chez ses parents.
***Bei** **dem** Tropensturm im US-Bundesstaat Texas sind 100 000 Gebäude beschädigt worden.* → Lors de la tempête tropicale, 100 000 bâtiments ont été endommagés au Texas.

3. *Mit* : avec

*Jedes Jahr fährt sie **mit** ihr**en** Kinder**n** zu Verwandten auf Korsika.*
→ Tous les ans, elle rend visite à sa famille en Corse avec ses enfants.

4. *Nach* : après, vers

Nach **est utilisé pour les compléments de lieu où l'on va, à la maison, dans une ville, un pays (sans article) ou encore avec un adverbe de lieu.**
*Was machst du **nach** **dem** Essen?* → Que fais-tu après le repas ?
*Er fliegt **nach** New York.* → Il prend l'avion pour New York.
*Sie geht **nach** draußen.* → Elle va dehors.

5. *Seit* : depuis

*Ich warte auf dich **seit** ein**er** Stunde.* → Ça fait une heure que je t'attends.

6. *Von* : de

*Woher kommst du? **Vom** Training.* → D'où viens-tu ? De l'entraînement.

7. *zu* : chez qqn (on y va)

Il est également employé pour traduire à la maison (on y est), *zu Hause* ; à pied, *zu Fuß*, à + nom de fête ou également le lieu où l'on va :
*Am Wochenende fährt er **zu** sein**em** Bruder.* → Ce week-end, il va chez son frère.
*Er ist **zu** Hause geblieben.* → Il est resté à la maison.
*Ich bin **zu** Fuß nach Hause gelaufen.* → Je suis rentré à pied à la maison.
*Wann kommst du zurück? **Zu** Ostern.* → Quand reviendras-tu ? À Pâques.

Exercices

LEICHT

1 Choisissez la préposition qui convient.

aus • bei • mit • nach • seit • von • zu

1. Sie arbeitet .... dem ersten September .... uns.
2. Du gehst .... deinem Bruder. Du warst doch erst gestern .... ihm.
3. Ich bin .... Fuß .... Hause gelaufen.
4. Ist er Amerikaner? Nein, er kommt .... Australien.
5. Dieser Tisch ist nicht .... Holz.
6. Geh bitte schnell .... oben, ich habe mein Buch vergessen.

MITTEL

2 Complétez avec la préposition qui convient.

1. Wann bist du .... dies.............. Arbeit fertig?
2. Sie hatte genug .... d.............. großen Stadt.
3. Ich kenne sie .... ein.............. halben Jahr.
4. Er hat Zahnschmerzen. Er kommt ...... Zahnarzt.
5. Was machst du .... d.............. Essen?
6. Diese Straßenbahn fährt .... Zoo.

SCHWER

3 Traduisez les phrases suivantes.

1. Cette robe est-elle en soie ? (die Seide) ....
2. Sors le manteau de l'armoire, s'il te plaît. ....
....
3. Sors-tu le chien ? ....
4. Ça fait déjà 12 ans qu'Angela Merkel est en poste. ....
....
5. Annabelle Selldorf fait partie des architectes les plus renommées au monde. ....
....
6. Nous allons au zoo avec les enfants. ....
....

* Toujours tenter l'impossible !

16 Les prépositions mixtes

Cours

Les prépositions mixtes sont au nombre de neuf.
Elles sont suivies de l'accusatif quand elles introduisent un complément de lieu directionnel.

*Er geht **in die** Bibliothek.* → Il va à la bibliothèque.

Les prépositions mixtes sont suivies du datif quand elles sont suivies du complément de lieu où l'on est, le locatif.

*Sie arbeitet **in der** Bibliothek.* → Elle travaille à la bibliothèque.

1. *An* : à, au

*Sie hängt **am** Telefon.* → Elle est pendue au téléphone.

2. *Auf* : sur, à, au

Auf est employé aussi devant certains lieux comme les banques, la poste, des lieux découverts.

*Die Zeitung liegt **auf dem** Stuhl.* → Le journal est sur la chaise.

3. *Hinter* : derrière

*Sie sind **hinter** Gittern.* → Ils sont sous les verrous

4. *In* : dans

*Sie tauchen die Füße **ins** Wasser.* → Ils mettent leurs pieds dans l'eau.

5. *Neben* : à côté de

*Setz dich **neben mich**.* → Assieds-toi à côté de moi.

6. *Über* : au-dessus de

*Kannst du diese Lampe **über den** Tisch hängen?*
→ Peux-tu installer cette lampe au-dessus de la table ?

7. *Unter* : sous

*Die Katze schläft **unter dem** Sessel.* → Le chat dort sous le fauteuil.

8. *Vor* : devant

*Die Kinder spielen **vor dem** Haus.* → Les enfants jouent devant la maison.

9. *Zwischen* : entre

*Setz dich **zwischen deinen** Bruder und **deine** Schwester.*
→ Assieds-toi entre ton frère et ta sœur.

Exercices

LEICHT

1 Complétez avec la préposition qui convient.

1. Ich fliege morgen .... die USA.
2. Wie waren deine Ferien .... Korsika?
3. Was machen die Kinder .... Park?
4. Stell das Glas .... die Kommode!
5. Jeden Samstag geht sie .... den Markt.
6. Der Hund legt sich .... den Tisch.
7. Warum gehst du .... die Bank?

MITTEL

2 Complétez les phrases suivantes.

1. Die Katze schläft .... d............... Teppich.
2. Häng bitte dieses Foto .... d............... Wand.
3. Ich stelle die Flasche .... d............... Tisch.
4. Der Wagen steht .... d............... Garage.
5. Das Baby schläft .... d............... Wiege. (die Wiege = le berceau)
6. Setzt euch .... d............... Sofa und bleibt still!

SCHWER

3 Reliez la phrase allemande à sa traduction en français.

1. Das Wort liegt mir auf der Zunge. •	• Ne parle pas de malheur !
2. Hinter den Bergen wohnen auch Leute. •	• C'est un cercle vicieux.
3. Das liegt auf der Hand. •	• Il ne mâche pas ses mots.
4. Mal nur nicht den Teufel an die Wand! •	• J'ai le mot sur le bout de la langue.
5. Er nimmt kein Blatt vor den Mund. •	• C'est évident.
6. Da beißt sich die Katze in den Schwanz. •	• Nul n'est irremplaçable.

* Gardons les pieds sur terre !

17 Le directionnel et le locatif

Cours

L'allemand introduit différemment le lieu vers lequel on se dirige (le complément directionnel) et le lieu où se situe l'action (le locatif).

1. Le directionnel (le lieu où l'on va)

Il répond à la question *wohin?* (vers quel lieu ?).
Le directionnel est introduit par :

- **les prépositions *zu* et *nach* :**

– *zu*

*Ich gehe **zu meinem** Freund.* → Je vais chez mon ami.

*Er fährt **zum** Bahnhof.* → Il va à la gare.

– *nach*

*Ich gehe **nach** Hause.* → Je vais à la maison.

*Er fliegt **nach** Wien.* → Il prend l'avion pour Vienne.

*Nächste Woche fährt er **nach** Madrid.* → La semaine prochaine, il va à Madrid.

*Die Kinder gehen **nach** draußen, weil sie Fußball spielen wollen.*
→ Les enfants vont dehors pour jouer au foot.

- **une préposition mixte suivie de l'accusatif :**

*Er fährt bald **in die** Schweiz.* → Il part bientôt pour la Suisse.

*Er setzt sich **auf das** Sofa.* → Il s'assoit sur le canapé.

*Er ist so müde, dass er sofort **ins** Bett geht.*
→ Il est si fatigué qu'il se met tout de suite au lit.

*Es klingelt. Sie läuft **an die** Tür.* → On sonne. Elle court à la porte.

2. Le locatif (le lieu où l'on est)

Le locatif répond à la question *Wo?* (lieu où se situe l'action).
Il est introduit par :

- **les prépositions *bei* et *zu* :**

*Heute Abend schlafe ich **bei meiner** Tante.* → Ce soir, je dors chez ma tante.

*Mein Bruder bleibt lieber **zu** Hause.* → Mon frère préfère rester à la maison.

- **une préposition mixte suivie du datif :**

*Er sitzt **auf dem** Sofa.* → Il est assis sur le canapé.

*Die Kinder spielen **im** Garten.* → Les enfants jouent dans le jardin.

*Er hat einen Arbeitsplatz **in der** Schweiz bekommen.*
→ Il a trouvé un emploi en Suisse.

*Er hat fünftausend Euro **auf der** Bank liegen.* → Il a cinq mille euros à la banque.

*Er arbeitete zehn Jahre **in** Deutschland.* → Il travailla dix ans en Allemagne.

Exercices

LEICHT

1 Répondez à la question : *Wo gehst du denn hin?*

1. .... Theater?
2. .... Hause?
3. .... Berlin?
4. .... d.............. Schweiz?
5. .... d.............. Küche?
6. .... dein.............. Freundin?
7. .... dein.............. Großeltern?
8. .... d.............. Garten?
9. .... d.............. Disco?

MITTEL

2 Traduisez les phrases suivantes.

1. Ma sœur travaille chez Siemens. ....
2. Il m'attendait à la porte. ....
3. Hier, elle s'est endormie devant la télévision. ....
4. Je suis allé seul au cinéma. ....
5. Il est parti en Irak (der Irak). ....
6. Il habite chez ses parents. ....
7. Dans quel théâtre joue-t-on ça ? ....

SCHWER

3 Complétez les phrases suivantes : *Wer arbeitet wo?*

1. Der Fluglotse (l'aiguilleur du ciel) arbeitet .... Kontrollturm .... d.............. Flughafen.
2. Der Chemiker arbeitet .... sein.............. Labor.
3. Das Model posiert bei Modeaufnahmen .... d.............. Fotografen.
4. Die Stewardess empfängt die Passagiere .... Flugzeug.
5. Die Krankenschwester arbeitet .... ein.............. Krankenhaus.
6. Der Zugführer sitzt .... Lokführerhaus.
7. Der Zoologe beobachtet .... Zoo das Leben der Tiere.

* Mot à mot : Les moineaux le sifflent de tous les toits.
Tout le monde sait ça !

18 Le comparatif

Cours Il existe trois formes de comparatif.

1. Le comparatif d'égalité

Il se compose de ***so*** + adjectif ou adverbe + ***wie*** :
*Theo ist **so** munter **wie** ein Fisch im Wasser.*
→ Théo est aussi heureux qu'un poisson dans l'eau.

2. Le comparatif d'infériorité

Il se compose de ***nicht so*** + adjectif ou adverbe + ***wie*** :
*Mila läuft **nicht so** schnell **wie** ich.* → Mila ne court pas aussi vite que moi.

3. Le comparatif de supériorité

Il se compose de l'adjectif ou l'adverbe + ***-er*** + ***als*** :
*Der Musiklehrer ist streng**er als** der Sportlehrer.*
→ Le professeur de musique est plus sévère que le professeur de sport.

4. L'ajout de l'inflexion

Attention ! Certains monosyllabiques prennent en plus une inflexion, ils vont souvent par paire antinomique : *alt* → *ä**lter*** • *jung* → *j**ü**ng**er***
Ce sont : *alt/jung*, *dumm/klug*, *grob*, *hart*, *kalt/warm*, *krank*, *kurz/lang*, *nah*, *schwach/stark*, *schwarz* et l'adverbe *oft*.

5. L'emploi de *mehr*

Lorsqu'on compare deux qualités d'une même personne ou d'une chose, on utilise *mehr* :
*Er ist **mehr** ungeschickt **als** unhöflich.* → Il est plus maladroit qu'impoli.

6. Les formes irrégulières

Certains comparatifs présentent des formes irrégulières :
gern → *lieber* • *gut* → *besser* • *hoch* → *höher* • *viel* → *mehr*

7. La traduction de plus ... plus et moins ... moins

Plus ..., plus ... ou moins ..., moins ... se traduisent de la façon suivante :
Je mehr/je weniger **avec adj. ou adv. au comparatif + sujet ... + verbe,**
desto mehr/weniger **ou adj. au comparatif + verbe + sujet + reste de la phrase :**
***Je** schnell**er** die Autos fahren, **desto mehr** verschmutzen sie die Umwelt.*
→ Plus les voitures vont vite, plus elles polluent l'environnement.

Exercices

LEICHT

1 Classez ces adjectifs selon leur comparatif dans la bonne colonne :

Nah • spät • viel • hoch • traurig • dumm • billig • langsam • schwach

Formes en *-er*	Formes en *¨-er*	Formes irrégulières
•	•	•
•	•	•
•	•	
•		

MITTEL

2 Trouvez l'adjectif dont le comparatif diffère des autres.

1. fein, schön, arm, reich
2. alt, langsam, schön, fest
3. höflich, nett, gern, streng
4. frech, munter, faul, gut
5. aktiv, sportlich, hübsch, stark

SCHWER

3 Traduisez les phrases suivantes.

1. La vie dans un village, c'est sûr, est meilleur marché que dans une grande ville. ....

....

2. Cette idée ne me plaît pas. N'en as-tu pas une meilleure ?..........

....

3. J'ai deux sœurs, une plus âgée et une plus jeune. ....

....

4. Après la tempête tropicale, plus de la moitié des ménages vivent sans électricité. ....

....

5. Il y a de plus en plus de maisons sous l'eau. ....

....

6. Il est aussi maladroit que stupide. ....

....

* C'est le plus intelligent qui cède.

19 Le superlatif

Cours

Le superlatif sert à comparer plusieurs éléments entre eux.

1. Le superlatif de l'adjectif épithète

Le superlatif de l'adjectif épithète est composé de l'article défini + l'adjectif ou l'adverbe + *-st* + la marque de déclinaison :

*Die schnell**sten** Züge hat die japanische Eisenbahn*

→ Ce sont les chemins de fer japonais qui ont les trains les plus rapides.

*Was ist das Schön**ste** in Berlin?* → Qu'est-ce qu'il y a de plus beau à Berlin ?

2. Le superlatif de l'adjectif attribut ou de l'adverbe

Le superlatif de l'adjectif attribut ou de l'adverbe est constitué de *am* + l'adjectif ou adverbe + *-sten* :

*Der sibirische Winter ist **am** kälte**sten** und dauert **am** läng**sten**.*

→ L'hiver sibérien est le plus froid et dure le plus longtemps.

3. L'inflexion et le *e* euphonique

Attention ! Les monosyllabiques qui prennent une inflexion au comparatif de supériorité, la prennent aussi au superlatif :

*Sein gr**ö**ßtes Problem ist die englische Aussprache.*

→ Son plus grand problème est la prononciation anglaise.

Certains adjectifs ou adverbes terminés par *d, s, ß, t, x, z* (à l'exception de groß) prennent un *e* euphonique :

*die interessant**e**ste Arbeit* → le travail le plus intéressant

*der heiß**e**ste Monat* → le mois le plus chaud

4. Les formes irrégulières

gern** → **der liebste/ am liebsten** • **gut** → **der beste/am besten

nah** → **der nächste/am nächsten** • **oft** → **der häufigste/am häufigsten

viel** → **der meiste/am meisten

Er bringt die meiste Zeit mit Nichtstun zu.

→ Il passe la majeure partie de son temps à ne rien faire.

5. *Meist* avec un participe passé pris comme adjectif

Pour traduire le plus (avec une notion de quantité), on emploie *meist* avec un participe passé employé comme adjectif :

*Kennst du das **meist besuchte** Museum in New York?*

→ Connais-tu le musée le plus visité à New York ?

*das **meist verkaufte** Buch?* → le livre le plus vendu ?

*DIE DÜMMSTEN BAUERN HABEN DIE DICKSTEN KARTOFFELN.

Exercices

LEICHT

1 Classez ces adjectifs selon leur superlatif dans la bonne colonne :

schön • klug • nah • viel • heftig • warm • hoch • schnell • groß • lang • hell • gut

Forme ***der*** + adj. + ***-ste***	Forme ***der*** + adj. + ***¨-ste***	Formes irrégulières
•	•	•
•	•	•
•	•	•
•	•	
	•	

MITTEL

2 Mettez l'adjectif entre parenthèses au superlatif.

1. Der (nah) .... Flug nach Luxemburg geht um 6.30 Uhr.
2. Die italienische Küche habe ich (gern) ....
3. Es ist im Moment das (gelesen) .... Buch.
4. Von allen Geschenken gefällt mir deines (gut) ....

SCHWER

3 Traduisez les phrases suivantes.

1. La plupart des touristes ne veulent aller qu'au soleil et à la mer. ......
....
2. De nous tous, c'est Hugo qui court le plus vite. ....
....
3. Tu as mangé la prune la plus mûre. ....
....
4. L'Everest est la plus haute montagne. ....
....
5. C'était la tempête la plus violente de l'année. ....
....

* Aux innocents les mains pleines.

20 La place des compléments

Cours L'allemand diffère sur ce point du français.

1. La place de l'accusatif et du datif

Généralement, le complément d'attribution (datif) précède le COD (accusatif) :
Zu Weihnachten schenkt er seinen Großeltern glasierte Kastanien.
→ À Noël, il offre des marrons glacés à ses grands-parents.

• **Néanmoins, si l'accusatif est un pronom, il précèdera le datif :**
Er schenkt sie seinen Großeltern. → Il les offre à ses grands-parents.

• **Si les deux compléments sont des pronoms, l'accusatif précédera le datif :**
Er schenkt sie ihnen. → Il les leur offre.

De toute façon, le pronom vient toujours en tête des compléments :
*Er schenkt **ihnen** glasierte Kastanien.* → Il leur offre des marrons glacés.
*Während des Sturms stellten sie **sich** in einer Scheune unter*
→ Pendant la tempête, ils s'abritèrent dans une grange.

• **Le pronom précède le groupe nominatif sujet quand ce dernier est placé derrière le verbe conjugué :**
*Zu Weihnachten hat **uns** Hugo glasierte Kastanien geschenkt.*
→ À Noël, Hugo nous a offert des marrons glacés.

2. La place des compléments circonstanciels

Les compléments circonstanciels observent généralement l'ordre suivant : *wann?* (le temps), *wie?* (la manière), *wo?/wohin?* (le lieu) :
Er fährt morgen mit dem Bus nach Brüssel. → Demain, il va à Bruxelles en bus.
Wie schafft man es, dass Hirse und Granatäpfel, Tomaten und Basilikum auch in heißen, trockenen Gegenden wachsen? Diese Frage untersuchen Wissenschaftler am Jacob-Blaustein-Institut für Wüstenforschung in Israel.
→ Comment réussir à faire pousser du mil et des grenades, des tomates et du basilic dans des régions très chaudes et sèches ? C'est ce sur quoi travaillent des scientifiques au centre de recherche sur le désert de l'Institut Jacob Blaustein en Israël.

Attention ! Il ne faut pas oublier qu'en allemand, l'information importante occupe la dernière place :
Morgen fährt er nach Brüssel mit dem Bus
(et pas avec sa voiture comme il le fait habituellement).

*DU MUSST DICH AUF DEINE VIER BUCHSTABEN SETZEN.

Exercices

LEICHT

1 Formez une phrase selon le modèle suivant, puis remplacez les compléments obtenus par des pronoms :

.... Mila das Comicheft hier ....?

→ **Kannst du** Mila das Comicheft hier **bringen**?

→ Kannst du **es ihr** bringen?

1. .... Hugo die DVD ....?
→ ....?
→ ....?

2. .... Theo das Fotoalbum hier ....?
→ ....?
→ ....?

3. .... die Freundinnen diese Sachen ....?
→ ....?
→ ....?

4. .... Herr Wagner der Brief hier ....?
→ ....?
→ ....?

5. .... Müllers diese Zeitung hier ....?
→ ....?
→ ....?

MITTEL

2 Formez des phrases avec les éléments proposés.

1. Wir möchten (in die Stadt/heute Abend/mit dir) fahren ....
....

2. Warum gehst du (nach draußen/ohne Mantel/bei diesem schlechten Wetter)?...
....

3. Ein Auto überfuhr (auf dem Heimweg/ihn/gestern/in der Schubertstraße).
....

4. Darf ich (morgen/dich/bei uns zu Hause) einladen? ....
....

* Il faut te mettre au travail.

21 La négation

Cours Il existe deux types de négation : *nicht* et *kein*.

1. La négation avec *nicht*

On emploie la négation *nicht* pour nier la globalité de la phrase.

La négation se place devant l'élément qu'elle rejette :

*Diese Mann ist **nicht** sehr freundlich.* → Cet homme n'est pas très aimable.

*Unser Großvater isst **nicht** viel Gemüse.*

→ Notre grand-père ne mange pas beaucoup de légumes.

*Er will mit seinem Auto **nicht** schnell fahren.* → Il ne veut pas rouler vite avec sa voiture.

*Mein Bruder will **nicht** zu Hause.* → Mon frère ne veut pas rester à la maison.

2. La place de *nicht* dans la phrase

Généralement *nicht* se place devant les compléments précédés d'une préposition :

*Wir warten **nicht** auf den Briefträger.* → nous n'attendons pas le facteur.

*Sie interessieren sich **nicht** für Kunst.* → Ils ne s'intéressent pas à l'art.

Mais *nicht* se place derrière les compléments sans préposition :

*Du hast das Fenster **nicht** aufgemacht.* → Tu n'as pas ouvert la fenêtre.

3. La négation avec *kein*

On emploie la négation *kein* lorsque l'on dit en français : « pas un, pas de, aucun ».

***Kein* prend les marques de genre et de cas de *ein* au singulier et de *die* au pluriel.**

*Das ist **kein** schönes Tier.* → Ce n'est pas un bel animal.

*Mein Vater hat **keine** Geduld.* → Mon père n'a pas de patience.

*Mein Nachbar hat **keinen** Hund.* → Mon voisin n'a pas de chien.

*Wir haben **keine** guten Weine zu Hause.* → Nous n'avons pas de bons vins à la maison.

La négation *kein* est utilisée aussi devant un nom sans article :

Schokolade → du chocolat

Bier → de la bière

*Ich esse **keine** Schokolade.* → Je ne mange pas de chocolat

*Er trinkt **kein** Bier.* → Il ne boit pas de bière.

4. Les autres négations

***Nie*, jamais, *nichts*, rien, se comportent comme *nicht* :**

*Ich habe diese Musik **nie** gehört.* → Je n'ai jamais entendu cette musique.

*Seit Tagen will das Kind **nichts** essen.* → Depuis des jours, l'enfant ne veut rien manger.

Exercices

LEICHT

1 Choisissez entre *nicht* et *kein*.

1. Ich habe .... Geld. Ich bin .... reich.
2. Er will .... ans Meer fahren.
3. Wir haben .... Tiere zu Hause.
4. Mein Freund trinkt .... Alkohol.
5. Meine Schwester kann .... schwimmen.
6. Das ist doch .... Vogel!
7. Sie haben die Reportage .... gesehen.
8. Berlin liegt .... in Bayern.
9. Ich esse .... Fleisch.
10. Der Computer funktioniert ....

MITTEL

2 Répondez par la négative aux questions posées.

1. Kannst du mir deine Gitarre leihen? ....
2. Gefällt dir diese Oper? ....
3. Bist du krank? ....
4. Hast du Fieber? ....
5. Ist der Artz gekommen? ....
6. Willst du heute Abend ins Kino gehen? ....
7. Hast du Zeit? ....
8. Willst du ein Glas Mineralwasser? ....

SCHWER

3 Traduisez les phrases suivantes.

1. Non, je ne mange pas de chocolat. ....
2. Je n'ai pas fermé la porte. ....
3. Je ne veux pas porter de chemise. ....
4. Il n'a pas faim. ....
5. Nous ne dormons pas dans cette chambre. ....
6. Il n'a pas le temps. ....

* On n'a rien sans rien.

22 Les compléments et les adverbes de temps

Cours Les compléments de temps sont introduits par *im, am, um*.

1. La préposition *im*

Im **est employé pour introduire les mois, les saisons, les années, les époques :**
Im *Winter gibt es oft viel Schnee.* → En hiver, il y a souvent beaucoup de neige.
Im *20. Jahrhundert ist der erste Mann auf dem Mond gelandet.*
→ Au XXe siècle, le premier homme a atterri sur la lune.

2. La préposition *am*

Am **est employé pour les jours ou pour les parties du jour :**
Am *Dienstag hat mein Vater frei.* → Le mardi, mon père ne travaille pas.
Am *Nachmittag liest er die Zeitung.* → L'après-midi, il lit le journal.

3. La préposition *um*

Um **sert à préciser l'heure qu'il est :**
Er kommt bestimmt ***um*** *3 Uhr.* → Il va venir sans aucun doute à 3 heures.

4. Le prochain, le dernier

Nächst**, prochain et** ***letzt*****, dernier, s'emploient à l'accusatif :**
nächste Woche → la semaine prochaine,
letztes Jahr → l'année dernière

5. Les principaux adverbes de temps

Les adverbes de temps occupent très souvent la première place dans une phrase, le verbe conjugué se place immédiatement après :
heute → aujourd'hui • *morgen* → demain • *morgen früh* → demain matin • *gestern* → hier • *jetzt* → maintenant • *oft* → souvent • *manchmal* → parfois • *bald* → bientôt

6. La chronologie dans le temps

Pour énumérer des événements dans une chronologie on utilise ***erstens*****,** ***zweitens*****,** ***drittens*****, premièrement, deuxièmement, troisièmement,** ***zuerst*****, d'abord,** ***dann*****, ensuite,** ***sofort*****, immédiatement,** ***zuletzt*****, finalement :**
Zuerst *gehe ich in den Supermarkt,* ***dann*** *kaufe ich ein und* ***zuletzt*** *gehe ich nach Hause zurück* → D'abord, je vais au supermarché, ensuite je fais mes courses et finalement je rentre à la maison.

Exercices

LEICHT

1 *Richtig oder falsch?* Mettez une croix dans la case qui convient.

	richtig	falsch
1. Er spielt am Nachmittag Musik	☐	☐
2. Wir gehen um Samstag ins Kino.	☐	☐
3. Die Natur ist im Frühling schön.	☐	☐
4. Was machst du im Sonntag?	☐	☐
5. Um Abend bin ich müde.	☐	☐
6. Wir treffen uns letzte Woche.	☐	☐
7. Jetzt gehe ich nach Hause.	☐	☐

MITTEL

2 Complétez les phrases suivantes.

1. Man feiert den Nikolaus .... Dezember.
2. .... Woche feiere ich meinen Geburtstag.
3. .... Jahr war ich in Deustchland.
4. Ich stehe .... Morgen immer früh auf.
5. Sie will heute Abend .... 21 Uhr zu uns kommen.
6. .... Jahre 2017 habe ich einen Unfall gehabt.
7. Hast du Französisch .... Montag in der Schule?

SCHWER

3 Traduisez les phrases suivantes.

1. Letzten Monat bin ich nach Rom geflogen. ....
....
2. Rufe mich bitte am Abend an! ....
3. Wann willst du uns besuchen? Am Freitag nächste Woche. ....
....
4. Im August spiele ich am Nachmittag Klavier. ....
....
5. Wann willst du ins Konzert gehen? Bald am Sonntag um 17 Uhr. ......
....

* À chaque jour suffit sa peine.

23 La place du verbe

Cours Elle est importante pour construire les énoncés.

1. La place de l'infinitif

La place du verbe dépend du groupe infinitif :

ins Theater gehen → aller au théâtre

gern ins Theater gehen → aimer aller au théâtre

am Sonntagabend gern ins Theater gehen → aimer aller au théâtre le dimanche soir

Dans chacun de ces groupes infinitifs le verbe est en dernière place, précédé des compléments, contrairement au français.

2. La place du verbe conjugué

Pour conjuguer le verbe, il faut le déplacer soit en 2e, soit en 1re position :

*Sie **geht** ins Theater* → Elle va au théâtre.

remarque Le verbe se place en 2e position dans une **phrase déclarative**.

*Wie **geht** sie ins Theater?* → Comment va-t-elle au théâtre ?

remarque Le verbe se place en 2e position dans une **phrase interrogative avec pronom interrogatif.**

***Geht** sie oft ins Theater?* → Va-t-elle souvent au théâtre ?

remarque Le verbe se place en 1re position dans une **phrase interrogative sans pronom interrogatif.**

***Geh** heute Abend ins Theater!* → Va ce soir au théâtre !

remarque Le verbe se place en 1re position dans une **proposition impérative.**

3. Les autres compléments à la première place

La 1re place dans la phrase est toutefois souvent occupée par d'autres éléments que le sujet ou le verbe conjugué. Le verbe conjugué vient alors en seconde position.

C'est le cas pour :

- **les compléments de temps : *am Morgen*** → **le matin • *im Oktober*** → **en octobre • *Um zwölf Uhr*** → **à midi :**
  ***Um zwölf Uhr** esse ich ein Butterbrot.* → À midi, je mange un sandwich.
- **un élément de liaison : *vielleicht*** → **peut-être • *glücklicherweise*** → **heureusement :**
  ***Glücklicherweise** sehen wir uns bald.* → Heureusement, nous nous verrons bientôt.
- **un élément adverbial mis en valeur : *sofort*** → **immédiatement • *langsam*** → **lentement :**
  ***Sofort** musst du mir antworten.* → Tu dois me répondre immédiatement.
  ***Langsam** fährt dieser Lastwagen.* → Ce camion roule lentement.

Exercices

LEICHT

1 Construisez des phrases affirmatives avec les éléments suivants.

1. Er – drei Wochen – in Italien – verbringen ....
2. Jeden Tag – wir – Spaghetti – essen ....
3. Postkarten – schreiben – du ....
4. Ich - Geld – dringend – brauchen ....
5. Wir – zur Bank – gehen – oft ....
6. Ich – immer viele Fotos machen ....
7. Jeden Tag – besichtigen – Museum – ihr ....
8. Vater – immer – fahren – langsam – mein ....

MITTEL

2 Transformez les phrases affirmatives obtenues ci-dessus en phrases interrogatives.

1. ....?
2. ....?
3. ....?
4. ....?
5. ....?
6. ....?
7. ....?
8. ....?

SCHWER

3 Traduisez les phrases suivantes en français.

1. Morgen besucht uns Onkel Franz. ....
2. Rolf geht immer schnell über die Straße. ....
3. Klettere nicht auf diesen Apfelbaum! ....
4. Am Nachmittag geht Ingrid ins Schwimmbad. ....
5. Geht dein Freund oft ins Kino? ....
6. Warum schreibst du keine Postkarten? ....
7. Ich will keine Mirabellen essen. ....

* Il ne faut pas réveiller le chat qui dort.

24 La place du verbe dans les subordonnées

Cours

1. La proposition subordonnée

Elle est introduite par des conjonctions de subordination telles que *dass*, que, *weil*, parce que, *wenn*, si ou quand, ou par un pronom relatif. Le sujet de la proposition se trouve immédiatement après la conjonction.

C'est le verbe conjugué que l'on trouve en dernière place dans la proposition subordonnée :

Klavier ***spielen*** → jouer du piano

Ich weiß, ***dass*** *deine Schwester regelmäßig* ***Klavier spielt****.*

→ Je sais que ta sœur joue du piano régulièrement.

Er lernt Deutsch, ***weil*** *er bald nach Deutschland fahren will.*

→ Il apprend l'allemand parce qu'il veut aller bientôt en Allemagne.

Sag mir, ***wann*** *du deine Freunde einladen wirst.*

→ Dis-moi quand tu inviteras tes amis.

2. La subordonnée en première place dans la proposition

La subordonnée compte pour une seule place, le verbe de la proposition principale vient en deuxième place :

Da er in Berlin studieren will, ***muss*** *(2) er bald umziehen.*

→ Comme il veut étudier à Berlin, il doit bientôt déménager.

3. L'usage de la virgule

Entre une proposition principale et une subordonnée, on place toujours une virgule.

Mais il n'y a pas de virgule si deux subordonnées sont coordonnées entre elles par *und*, et, *oder*, ou, ou bien lorsque le sujet n'est pas répété :

Er sagt, dass er krank ist und dass er den Artzt rufen will.

→ Il dit qu'il est malade et qu'il veut appeler le médecin.

4. La place 0 dans la proposition

En début de proposition, les conjonctions de coordination *und*, et, *aber*, mais, *oder*, ou, *denn*, car, ainsi que, *ja*, oui, *nein*, non, *doch*, mais si, sont considérés comme ayant une place 0. Dans ce cas, le verbe conjugué est toujours en deuxième place.

Und (0) *wir* (1) *gingen* (2) *schnell zu Bett, denn* (0) *wir* (1) *waren* (2) *sehr müde.*

→ Et nous sommes allés vite au lit car nous étions très fatigués.

*WENN DIE KATZE AUS DEM HAUS IST, TANZEN DIE MÄUSE AUF DEM TISCH.

Exercices

LEICHT

1 *Richtig* oder *falsch*? Vrai ou faux ?

	richtig	falsch
1. Parfois une subordonnée peut occuper la première place dans la phrase.	☐	☐
2. *Nein* est un élément qui compte comme un premier terme dans une proposition.	☐	☐
3. Il n'y a pas de virgule entre une proposition principale et une subordonnée.	☐	☐
4. Le groupe verbal est l'élément fondamental qui sert à former une subordonnée.	☐	☐
5. Un pronom relatif introduit une proposition principale.	☐	☐

MITTEL

2 Transformez la deuxième proposition en subordonnée.

1. Er macht schnell, er will ins Kino gehen.
2. Er will alles sehen, er kommt nach Berlin.
3. Der Nachbar findet, der Hund bellt zu laut.
4. Die Kinder spielen, die Eltern sind weggegangen.
5. Du hast kein Geld mehr, du hast zu viel gekauft.

SCHWER

3 Inventez des phrases commençant par *Ich weiß, dass...* à partir des éléments suivants.

1. der französische Student – Deutsch – sprechen kann – gut. ....

....

2. die Putzfrau – morgen – wird - um 8 – kommen – ....

....

3. mein Bruder – im Bett – noch zwei Tage - bleiben – muss. ....

....

4. der Junge – ins Ausland – gefahren – ohne seine Eltern – ist. ....

....

* Quand le chat n'est pas là, les souris dansent.

25 Le présent et le prétérit des verbes faibles (réguliers)

Cours

Ce sont des verbes souvent employés, tels que *machen*, faire, *sagen*, dire, *spielen*, jouer, *hören*, entendre, etc. Pour les conjuguer, on part de leur radical en supprimant « *-en* » :

sagen → *sag* • *machen* → *mach* • *spielen* → *spiel*

1. Les terminaisons de l'indicatif présent

On ajoute ***-e***, ***-st***, ***-t***, ***-en***, ***-t***, ***-en*** au radical :

ich mache	wir machen
du machst	ihr macht
er/sie/es macht	sie/Sie machen

Parfois, l'ajout d'un « ***-e*** » euphonique est obligatoire pour les verbes dont le radical se termine en ***-d***, ***-t***, ***-tm***, ou ***-chn***, ***-fn*** :

*du arbeit**e**st* → tu travailles

*er rechn**e**t* → il calcule.

2. Les autres radicaux particuliers

Les radicaux se terminant par ***-s***, ***-ss***, ***-z***, ne prendront pas de ***-s*** à la 2e personne du singulier : *du tanzt*

*Du wei**ßt** doch, wo die Post liegt!* → Mais tu sais bien où est la poste !

*Du sau**st** immer vorbei.* → Tu files toujours en trombe.

Les radicaux se terminant par ***-eln*** gardent le ***l*** mais perdent le ***e*** du radical à la première personne du singulier :

basteln, *ich bastle* → je bricole

3. Les terminaisons du prétérit, imparfait et passé simple

On ajoute les terminaisons ***-te***, ***-test***, ***-te***, ***-ten***, ***-tet***, ***-ten*** au radical du verbe :

ich sagte	wir sagten
du sagtest	ihr sagtet
er/sie/es sagte	sie/Sie sagten

ich arbeit**e**te	wir arbeit**e**ten
du arbeit**e**test	ihr arbeit**e**tet
er/sie/es arbeit**e**te	sie/Sie arbeit**e**ten

Exercices

LEICHT

1 Conjuguez les verbes suivants à la 2e personne du singulier et du pluriel.

1. hören → du .... → ihr ....
2. kommen → du .... → ihr ....
3. arbeiten → du .... → ihr ....
4. tanzen → du .... → ihr ....
5. telefonieren → du .... → ihr ....
6. zeichnen → du .... → ihr ....
7. machen → du .... → ihr ....

MITTEL

2 Mettez les phrases suivantes au prétérit.

1. Die Kinder spielen auf dem Spielplatz. ....
2. Was sagst du uns? ....
3. Das macht mir keinen Spaß. ....
4. Er antwortet dem Vater nicht. ....
5. Ihr lernt alle Deutsch. ....
6. Was kaufen Sie, Herr Meier? ....
7. Warum stellt ihr keine Fragen? ....
8. Ich erinnere mich nicht. ....

SCHWER

3 Traduisez les phrases suivantes.

1. Matthias travaille et il apprend sa leçon. ....

....

2. Il n'entend pas sa sœur. ....
3. Elle dessine sur son cahier. ....
4. Elle a besoin d'un livre. ....
5. Le livre raconte l'histoire d'un nain (der Zwerg). ....

....

* Aucune poule ne peut sortir d'un œuf qui n'a pas été pondu.

26 Le présent et le prétérit des verbes forts

Cours

Les verbes forts désignent les verbes irréguliers.
Ce sont des verbes de la vie courante : *essen*, manger ; *gehen*, aller ; *schlafen*, dormir ; *trinken*, boire, etc. Il est indispensable d'apprendre leurs formes au prétérit et au participe passé.

1. Les terminaisons de l'indicatif présent

Ce sont les mêmes que pour les verbes faibles. On ajoute ***-e***, ***-st***, ***-t***, ***-en***, ***-t***, ***-en*** au radical. Les verbes de voyelle radicale *a* ou *e* subissent un changement à certaines personnes.

Il y a deux catégories de verbes irréguliers : en ***a*** comme ***fahren*** et en ***e*** comme ***geben*** :

- Les verbes en ***a***, comme ***fahren*** : *ich fahre*, *du fährst*, *er/sie/es fährt*, *wir fahren*, *ihr fahrt*, *sie/Sie fahren*. Le ***a*** reçoit une **inflexion** aux 2e et 3e personnes du singulier.

- Les verbes en ***e***, comme ***geben***, donner, avec un ***e*** bref : *ich gebe*, *du gibst*, *er/sie/es **gibt***, *wir geben*, *ihr gebt*, *sie/Sie geben* : le ***e*** se transforme en ***i*** aux 2e et 3e personnes du singulier.

Les verbes en ***e***, comme ***sehen***, voir, avec un ***e*** long : *ich sehe*, *du siehst*, *er/sie/es **sieht***, *wir sehen*, *ihr seht*, *sie/Sie sehen* : le ***e*** se transforme en ***ie*** aux 2e et 3e personnes du singulier.

2. Les terminaisons du prétérit, imparfait et passé simple

On peut prendre comme modèle de conjugaison l'auxiliaire ***sein***, être : *ich war-*, *du war**st***, *er/sie/es war-*, *wir war**en***, *ihr war**t***, *sie/Sie war**en*** : les 1re et 3e personnes du singulier ne prennent pas de terminaison sur le radical prétérit. Ceci pour tous les verbes forts, qu'ils soient en ***a*** ou en ***e*** :

gehen → aller : *ich ging*, *du gingst*, *er/sie/es ging*,
wir gingen, *ihr gingt*, *sie/Sie gingen*.

schlafen → dormir : *ich schlief*, *du schliefst*, *er/sie/es schlief*,
wir schliefen, *ihr schlieft*, *sie/Sie schliefen*.

3. Le changement des voyelles radicales

Il est indispensable au cours de l'apprentissage de mémoriser peu à peu le changement que subissent les verbes forts afin de les automatiser pour l'expression et la production. Il faut donc consulter régulièrement la liste des verbes forts. Les verbes forts se regroupent par familles qui prennent les mêmes formes.

Exercices

LEICHT

1 **Dites si ces verbes sont faibles ou forts. Cochez la case qui convient.**

	faible	fort		faible	fort
1. arbeiten	☐	☐	2. gehen	☐	☐
3. spielen	☐	☐	4. kommen	☐	☐
5. fahren	☐	☐	6. singen	☐	☐
7. zeichnen	☐	☐	8. machen	☐	☐
9. tanzen	☐	☐	10. sehen	☐	☐
11. nehmen	☐	☐	12. tragen	☐	☐
13. lesen	☐	☐	14. trinken	☐	☐
15. telefonieren	☐	☐	16. schlafen	☐	☐

MITTEL

2 **Donnez l'infinitif des formes verbales suivantes.**

1. wartete: ....
2. amüsierte: ....
3. fiel: ....
4. verstand: ....
5. nahm: ....
6. kam: ....
7. transportierte: ....
8. schrieb: ....
9. setzte: ....
10. blieb: ....
11. erzählte: ....
12. begann: ....
13. verstand: ....
14. kaufte: ....
15. lief: ....
16. trug: ....

SCHWER

3 **Écrivez au prétérit des verbes suivants.**

1. du gehst: ....
2. ihr kommt: ....
3. sie spielt: ....
4. ihr träumt: ....
5. sie spricht: ....
6. du wünschst: ....
7. er schläft: ....
8. wir essen: ....
9. ihr lernt: ....
10. du nimmst: ....
11. ich gebe: ....
12. du fällst: ....

* Mets ton grain de sel !

27 Les préverbes

Cours

Les verbes allemands se divisent en deux catégories :
- **les verbes simples comme *machen*, faire ; *gehen*, aller ; *spielen*, jouer ;**
- **les verbes avec :**
  - **soit un préverbe accentué séparable tels que *aufmachen*, ouvrir ; *mitmachen*, participer ; *vorlesen*, lire en public ;**
  - **soit un préverbé inaccentué inséparable, comme *entdecken*, découvrir ; *verstehen*, comprendre.**

1. Les verbes à préverbes séparables

Ils sont séparables parce que le préverbe accentué se détache du verbe.
Il existe de nombreux préverbes, certains avec un sens particulier : ***ab***, ***an***, ***auf***, ***bei***, ***dar***, ***ein***, ***entgegen***, ***empor***, ***fort***, ***hin***, ***her***, ***los***, ***mit***, ***nach***, ***nieder***, ***vor***, ***weg***, ***weiter***, ***zu***, etc.

Prenons le verbe ***auf**machen* : le préverbe ***auf*** est accentué, le verbe va s'en détacher. Le verbe conjugué sera en deuxième place le plus souvent, excepté à l'impératif où il sera en première position :

*Ich **mache** (2) das Fenster **auf**.* → J'ouvre la fenêtre.

***Mach** (1) das Fenster **auf**!* → Ouvre la fenêtre !

2. Les marques de l'infinitif et du participe passé

Les deux marques ***zu*** et ***ge*** sont toujours placées entre le préverbe accentué et le verbe :

*Er freut sich, den Text vor**zu**lesen.* → Il se réjouit de lire le texte à haute voix.

*Er hat den Text vor**ge**lesen.* → Il a lu le texte à haute voix.

3. Les huit préverbes inséparables

Ils sont soudés au verbe et toujours inséparables : ***be***, ***emp***, ***ent***, ***er***, ***ge***, ***miss***, ***ver***, ***zer***. La marque ***ge*** du participe passé disparaît. La marque de l'infinitif ***zu*** se place devant le verbe :

Sie haben die Arbeit vergessen. → Ils ont oublié le travail.

Sie haben Angst, die Arbeit zu vergessen. → Ils ont peur d'oublier le travail.

4. Les préverbes mixtes tantôt séparables, tantôt inséparables

Um est inséparable quand le verbe exprime le contournement : *umgeben*, entourer.

Voll est inséparable quand le verbe exprime l'exécution d'une tâche : *vollbringen*, achever.

Wieder est toujours séparable, hormis pour le verbe *wiederholen*, répéter, inséparable.

*ZU VIELE KÖCHE VERDERBEN DEN BREI.

Exercices

LEICHT

1 *Richtig oder falsch?* Cochez la réponse correcte.

	richtig	falsch
1. Un préverbe séparable est accentué.	☒	☐
2. Un préverbe séparable se placera en fin de phrase.	☒	☐
3. Un préverbe inaccentué est inséparable du verbe.	☒	☐
4. La place habituelle dans la phrase d'un verbe conjugué est la 2e place.	☒	☐
5. Conjugué à l'impératif, le verbe est également en 2e place dans la phrase.	☐	☒
6. La forme *zugemacht* pour dire « fermé » est juste.	☒	☒
7. Peut-on dire « *Ich habe geverstanden* » ?	☐	☒
8. Le « *zu* » de l'infinitif se place entre le préverbe séparable et le verbe.	☒	☐
9. « *Arbeiten* » est un verbe avec un préverbe.	☐	☒
10. Dans le verbe « *vorlesen* », le préverbe « *vor* » est accentué.	☐	☒

MITTEL

2 Dans la liste suivante, classez les verbes selon leur préfixe accentué ou inaccentué et donnez leur participe passé.

	accentué	inaccentué	participe passé
1. beginnen	☐	☐	....
2. verlieren	☐	☐	....
3. einladen	☐	☐	....
4. vorbereiten	☐	☐	....
5. erzählen	☐	☐	....
6. ausgehen	☐	☐	....
7. empfangen	☐	☐	....
8. zurückkommen	☐	☐	....
9. entdecken	☐	☐	....
10. eintreten	☐	☐	....

* Trop de cuisiniers gâchent la sauce.

28 Les parfait et plus-que-parfait

Cours

Ces deux temps de l'indicatif se construisent avec un auxiliaire, soit *haben*, soit *sein*.

1. L'emploi de *haben*, avoir

On l'emploie :

- **avec les verbes transitifs (complément d'objet à l'accusatif) :**

*Ich **habe** ein schönes Buch gelesen.* → J'ai lu un beau livre.

- **avec les verbes indiquant une position :**

*Sie **haben** lange gestanden.* → Ils sont restés debout longtemps.

- **avec les verbes pronominaux et réfléchis :**

*Wir **haben** uns einen großen Wagen gekauft* → On s'est acheté une grande voiture.

- **avec les verbes intransitifs qui indiquent un état :**

*Du **hast** lange gewartet und kaum geschlafen.* → Tu as attendu longtemps et peu dormi.

2. L'emploi de *sein*, être

On l'emploie :

- **avec les verbes intransitifs qui expriment un changement de lieu :**

*Ich **bin** nach Berlin zu Fuß gegangen.* → Je suis allé à pied à Berlin.

- **avec les verbes intransitifs qui expriment un changement d'état :**

*Ich **bin** vor Mitternacht eingeschlafen.* → Je me suis endormi avant minuit.

- **avec les verbes *bleiben*, *sein*, *werden* :**

*Ich **bin** lange weg gewesen.* → J'ai été absent longtemps.

3. La construction du parfait

- **Pour les verbes faibles (réguliers) : auxiliaire + *ge* + radical du verbe + *-t* :**

Ich habe ge-lern-t (gelernt). → J'ai appris.

*Ich habe die Tür auf**ge**macht.* → J'ai ouvert la porte.

- **Pour les verbes forts (irréguliers) : auxiliaire + *ge* + voyelle radicale du verbe + *-en* :**

Wir haben getrunken. → Nous avons bu.

Les formes irrégulières des verbes sont à apprendre par cœur.

4. La construction du plus-que-parfait

C'est la même construction que pour le parfait mais avec les auxiliaires *haben* et *sein* au prétérit :

*Ich **hatte** meine Lektion gelernt.* → J'avais appris ma leçon.

*Ich **war** zu früh gekommen.* → J'étais venu trop tôt.

*ROM IST NICHT AN EINEM TAG ERBAUT WORDEN.

Exercices

LEICHT

1 Conjuguez le verbe entre parenthèses.

1. Bis wie viel Uhr .... du gestern ....? (arbeiten)
2. Wie lange .... der Film ....? (dauern)
3. .... ihr eure Koffer ....? (packen)
4. Wer hat denn hier einen Baum ....? (pflanzen)
5. .... es gestern bei Ihnen ....? (regnen)
6. Wann .... du ihm das Paket ....? (schicken)
7. Bis wann .... Sie das Haus ....? (mieten)

MITTEL

2 Complétez les phrases suivantes. Attention à la présence ou l'absence de *ge* au parfait.

1. Warum .... du die Tür nicht ....? (zumachen)
2. Er .... schon alles ....? (einkaufen)
3. Wann .... Beethoven die Neunte Symphonie ....? (komponieren)
4. Wir .... die Freunde am Bahnhof .... (abholen)
5. Das .... ich ihm nicht .... (erlauben)
6. .... er sich ....? (entschuldigen)
7. Wo .... der Unfall ....? (passieren)
8. Heute morgen .... ich um sieben .... (aufwachen)

SCHWER

3 Récit du *Petit Poucet* : mettez les verbes au plus-que-parfait.

Ein Mann (haben) .... drei Söhne............... . Eines Tages (gehen) .... der älteste in den Wald ...., um Holz zu hauen. Seine Mutter (mitgeben) .... ihm einen Kuchen .... Als er in den Wald (kommen) ...., (sehen) .... er einen alten grauen Mann .... Dieser Mann (sagen) ....: „Gib mir von deinem Kuchen". Der kluge Sohn (antworten) ....: „Nein, sonst habe ich nichts mehr für mich". Dann (fortgehen) .... der junge Sohn ....

* Rome ne s'est pas faite en un jour.

29 Haben, sein, werden

Cours

Ces verbes sont à la fois des auxiliaires et des verbes à part entière.

1. *Haben* employé comme auxiliaire

Il sert d'auxiliaire pour :

- **les verbes transitifs :**

*Dieser Roman **hat** mich sehr beeindruckt.* → Ce roman m'a beaucoup impressionné.

- **les verbes pronominaux et réfléchis :**

*Der Schauspieler **hat** sich ein Jahr lang auf diese Rolle vorbereitet.*
→ L'acteur s'est préparé à ce rôle pendant un an.

2. *Haben* et les verbes intransitifs

Les verbes intransitifs indiquent un état comme attendre, pleuvoir, dormir, penser :
*In Kanada **hat** er unter der Kälte und der Dunkelheit im Winter gelitten.*
→ Au Canada, il a souffert du froid et du manque de lumière en hiver.

3. *Haben* et les verbes de position

Hängen, liegen, sitzen **et** ***stehen*** **s'emploient avec** ***haben*** **au parfait.**

4. *Sein*, être

Sein **sert d'auxiliaire pour :**

- **les verbes intransitifs exprimant un mouvement ou un changement d'état.**
- **les verbes** ***begegnen*** **(rencontrer),** ***folgen*** **(suivre),** ***bleiben, sein*** **et** ***werden*****.**

5. *Werden*, devenir

Il sert aussi d'auxiliaire pour :

- **le futur à l'indicatif et aux subjonctifs I et II :**

*Wie lange **wird** es dauern, bis Menschen auf dem Mond leben?*
→ Combien de temps faudra-t-il aux hommes pour vivre sur la Lune ?

- **le passif :**

*Der Film **wurde** in der Straße gedreht.* → Le film fut tourné dans la rue.

6. Conjugaison de *haben, sein* et *werden*

Infinitif	Présent	Prétérit	Parfait
haben	ich habe	ich hatte	ich habe ... gehabt
sein	ich bin	ich war	ich bin ... gewesen
werden	ich werde	ich wurde	ich bin ... geworden

*FAULHEIT IST DIE TRIEBFEDER DES FORTSCHRITTS.

Exercices

LEICHT

1 Complétez les phrases suivantes.

1. Mit wem .... du nach Berlin geflogen?
2. .... es dort viel geregnet?
3. .... du genug Zeit gehabt, um ins Museum zu gehen?
4. Wie lange .... du dort bleiben?
5. .... du abends in die Oper gegangen?
6. Mode .... auch ein wichtiger Teil der Kultur, das muss in Berlin begriffen ....

MITTEL

2 Egon Schiele (1890-1918) Complétez les phrases suivantes.

1. Anfang des 20. Jahrhunderts .... Egon Schiel einer der meist diskutierten Künstler seiner Zeit.
2. Er .... an der Wiener Akademie studiert.
3. Er .... stark von Klimt beeinflusst.
4. 1911 .... er dem Model Wally begegnet und .... mit ihr nach Krumau gezogen.
5. 1913 .... Schiele in den „Bund Österreichischer Künstler" aufgenommen.
6. 1918 .... er an der Spanischen Grippe gestorben.
7. Egon Schiele .... ein kurzes, exzentrisches Leben geführt.

SCHWER

3 Traduisez les phrases suivantes.

1. Elle est allée en ville et a acheté une nouvelle veste. ....
....
2. Je suis arrivé trop tard à la gare, le train venait de partir. ....
....
3. Quand partira le prochain train ? ....
4. J'ai préféré revenir à la maison, je me suis changé, j'ai bu une tasse de thé et me suis mis au lit. ....
....

* La paresse est le moteur du progrès.

30 Les verbes de modalité

Cours

Ils sont au nombre de six et expriment l'idée de devoir, pouvoir, vouloir et aimer.

1. La traduction de devoir

• ***müssen*** **: être obligé de, ne pas pouvoir faire autrement**

Ich muss jetzt weg, sonst verpasse ich den Bus.

→ Il faut que je parte maintenant, sinon je vais rater mon bus.

• ***Sollen*** **exprime une obligation morale, c'est ce que veulent les règles, la société.**

Warum soll ich das? → Pourquoi le ferai-je ?

2. La traduction de pouvoir

• ***Dürfen*** **: avoir la permission de**

Hier darf nicht geparkt werden. → Il est interdit de se garer ici.

• ***Können*** **: être capable de, savoir parce qu'on a appris**

Ich kann den Weg nicht finden. → Je n'arrive pas à trouver le chemin.

Er kann das Gedicht auswendig. → Il sait le poème par cœur.

3. La traduction de vouloir

Wollen **sert aussi à exprimer le futur immédiat et ce qu'on prétend faire :**

Wir wollten gerade essen. → Nous nous apprêtions à manger.

Sie will eine weit gereiste Frau sein. → Elle prétend être une routarde.

4. La traduction d'aimer

Aimer dans le sens d'aimer bien se traduit par *mögen* :

Magst du immer Vanilleeis? → Aimes-tu toujours la glace à la vanille ?

5. La conjugaison des verbes modaux

Présent					
ich/er muss wir müssen	ich/er soll wir sollen	ich/er darf wir dürfen	ich/er kann wir können	ich/er will wir wollen	ich/er mag wir mögen
Prétérit					
ich/er musste sie mussten	ich/er sollte sie sollten	ich/er durfte sie durften	ich/er konnte sie konnten	ich/er wollte sie wollten	ich/er mochte sie mochten
Participe passé					
gemusst	gesollt	gedurft	gekonnt	gewollt	gemocht

Attention ! **Leur participe passé suivi d'un infinitif prend la forme d'un infinitif (double infinitif) :**

Er hat die ganze Nacht ***arbeiten müssen****.* → Il a dû travailler toute la nuit.

*MAN SOLL NICHT PÄPSTLICHER SEIN ALS DER PAPST.

Exercices

LEICHT

1 Complétez les phrases suivantes.

1. Hier .... nicht geraucht werden.
2. Ich bin nicht sportlich, ich .... nicht Ski fahren.
3. Du bist krank, du .... zum Arzt.
4. .... ich Ihnen helfen?
5. Was .... du essen? Fleisch oder Fisch?
6. Er hat es satt, er .... nach Hause.
7. .... du Dänisch?
8. .... ihr Rap?
9. Hier .... du Geld wechseln.
10. Wann .... ihr diesen Film sehen?
11. Hier .... man tanken.
12. Suppe .... er nicht.
13. Gleich fährt der Zug ab, wir .... schnell einsteigen.
14. Seine Noten sind schlecht, er .... mehr für den Unterricht arbeiten; sonst .... er sitzen bleiben.

SCHWER

2 Traduisez les phrases suivantes.

1. Il faut que je me couche, j'ai besoin de sommeil. ....

....

2. Je dois mettre le réveil, sinon je manquerai le train. ....

....

3. Il n'a rien à demander ! ....
4. Puis-je laisser ma valise dans la voiture ? ....

....

5. Il faut que je me fasse couper les cheveux, ils sont trop longs. ....

....

6. Les enfants ont-ils toujours le droit de faire ce qu'ils veulent ? ....

....

7. Savent-ils l'allemand ? ....

* Il ne faut pas être plus royaliste que le roi.

31 Les verbes de position et de mouvement

Cours

Il existe quatre verbes de position. De ces verbes dérivent quatre verbes réguliers et transitifs : les verbes de mouvement.

1. Les verbes de position

- ***hängen* (*hing, gehangen*) : être accroché**

Die Wäsche ***hängt*** *auf der Leine im Garten.* → Le linge est étendu dans le jardin.

Viele Kinder ***hängen*** *vor dem Fernseher.*

→ Beaucoup d'enfants restent scotchés devant la télévision.

Dieser Mann ***hängt*** *am Geld.* → Cet homme est près de ses sous.

- ***liegen* (*lag, gelegen*) : être couché, posé à plat**

Die Zeitung ***liegt*** *auf der Kommode im Flur.*

→ Le journal est sur la commode de l'entrée.

Der Wein muss ***liegen****.* → Le vin doit être couché.

Das Schiff ***liegt*** *auf einer Sandbank.* → Le navire est échoué sur un banc de sable.

- ***sitzen* (*saß, gesessen*) : être assis**

Mila ***sitzt*** *auf der Bank in der Sonne.* → Mila est assise au soleil sur le banc.

Hugo ***sitzt*** *an den Hausaufgaben.* → Hugo est en plein dans ses devoirs.

Dieser Verbrecher muss zehn Jahre ***sitzen****.* → Ce criminel devra faire dix ans de taule.

- ***stehen* (*stand, gestanden*) : être debout**

Hugo hat keine Lust, hier stundenlang zu ***stehen****.*

→ Hugo n'a aucune envie de rester là debout pendant des heures.

Ces verbes sont réguliers au présent et se conjuguent avec l'auxiliaire *haben*. S'ils sont accompagnés d'une préposition mixte, celle-ci sera au datif.

2. Les verbes de mouvement

- ***hängen* : accrocher**

Mila ***hängt*** *die Wäsche auf die Leine.* → Mila étend le linge.

Theo ***hängt*** *seine Fotos an die Wand.* → Théo met ses photos au mur.

- ***legen* : coucher, poser à plat**

Sie ***legt*** *die Zeitung auf die Kommode.* → Elle pose le journal sur la commode.

Er ***legte*** *die Hand auf ihre Schulter.* → Il posa la main sur son épaule.

- ***(sich) setzen* : (s')asseoir**

Mila ***setzt*** *sich gern auf diese Bank.* → Mila aime s'asseoir sur ce banc.

- ***stellen* : mettre debout**

Theo ***stellt*** *die Vase auf den Tisch.* → Theo pose le vase sur la table.

Si ces verbes sont accompagnés d'une préposition mixte, celle-ci sera à l'accusatif.

Exercices

LEICHT

1 Trouvez le verbe de position ou de mouvement qui convient.

1. Ich .... die Flasche Milch auf den Küchentisch.
2. Eine Spinne .... oben an der Decke.
3. Dein Fahrrad .... in der Garage.
4. Er .... das Boot an den Wagen.
5. Der Zigarettenrauch .... noch im Zimmer.
6. Sie .... deine Jacke auf einen Bügel (un cintre).
7. Im Kino .... ich immer in der letzten Reihe.
8. Die Urlauber .... auf dem warmen Sand.
9. Sie .... stundenlang am Telefon.
10. Dein Mantel .... im Schrank.
11. Der Briefträger .... das Paket ins Büro.
12. Die Zeitung .... auf dem Sofa.
13. Sie .... das Baby auf den Kinderstuhl.

MITTEL

2 Mettez les phrases précédentes au prétérit et au parfait.

....

....

....

....

....

SCHWER

3 Trouvez les équivalents français de ces expressions allemandes.

1. Ihm steht das Wasser bis zum Hals. •	• C'est un sac de nœuds.
2. Im Wein liegt die Wahrheit. •	• Il est en prison.
3. Da sitzt der Wurm drin. •	• Voilà donc le nœud de l'affaire.
4. Er sitzt bei Wasser und Brot. •	• In vino veritas.
5. Da liegt also der Hase im Pfeffer. •	• Il est en grande difficulté.

* Plus c'est court, mieux c'est.

32 Les verbes faibles irréguliers

Cours

Les verbes faibles irréguliers sont au nombre de huit et sont tous réguliers au présent. La forme de leur prétérit permet de les classer en trois groupes.

1. Les verbes à terminaison en *-ennen*

Il s'agit de :

brennen → brûler • *kennen* → connaître • *nennen* → nommer • *rennen* → courir

• **Au prétérit**, ils présentent la terminaison des verbes faibles ***-te*** et changent leur voyelle radicale en ***-a*** : *Wir k**a**nn**te**n ihn als großen Reporter.*

• **Au participe passé**, ils gardent ce changement de voyelle et présentent la terminaison des verbes faibles ***-t*** : *Theo ist sehr schnell ger**a**nnt.*

2. Les verbes en *-enden*

Ils présentent chacun deux formes de prétérit et de participe passé.

• ***Senden*** a un prétérit et un participe passé **irréguliers** quand il signifie envoyer des lettres, des paquets :

*Gestern **sandte** er einen Brief an seine Großeltern.*

→ *Gestern hat er einen Brief an seine Großeltern **gesandt**.*

• ***Senden*** a un prétérit et un participe passé **réguliers** lorsqu'on utilise un moyen technique : diffuser, émettre, envoyer un fax.

*Er **sendete** mir ein Fax.* → *Er hat mir ein Fax gesendet.*

• ***Wenden*** a un prétérit et un participe passé **irréguliers** quand il signifie se tourner vers, s'adresser à qqn :

Er wandte sich an seinen Nachbarn. → *Er hat sich an seinen Nachbarn gewandt.*

• ***Wenden*** a un prétérit et un participe passé **réguliers** quand il signifie retourner qqch. ou faire demi-tour :

*Der Fahrer **wendete**, als er die Straße voller Schlaglöcher sah.*

→ *Er hat gewendet, als er die Straße voller Schlaglöcher sah.*

3. *Bringen* et *denken*

• ***Bringen*** (apporter) et ***denken*** (penser) changent au prétérit et au participe passé non seulement de voyelle mais aussi de consonnes :

*Er br**ach**te mir das Paket ins Büro.* → Il m'apporta le paquet au bureau.

*Er hat mir das Paket ins Büro gebr**ach**t.*

*Er d**ach**te an seine Ferien.* → Il pensait à ses vacances.

*Er hat an seine Ferien ged**ach**t.*

Exercices

LEICHT

1 Choisissez le verbe à employer.

1. Alle .... ihn als großen Maler.
2. Sie will alles wissen : sie .... vor Neugierde.
3. Ich .... bei mir, dass sie Recht hat.
4. Er .... das Auto in die Garage.
5. Sie heißt Ursula, aber ihre Freunde .... sie Ulla.
6. Er .... zu Ämtern (les administrations).

MITTEL

2 Mettez les phrases précédentes au prétérit.

....

....

....

....

....

....

SCHWER

3 Reliez les phrases en allemand à la bonne traduction.

1. So was kennen wir hier nicht! •	• Ils s'apprêtent à partir.
2. Es brennt! •	• Elle met l'enfant au lit.
3. Er rennt um sein Leben. •	• Il connaît pratiquement le monde entier.
4. Er bringt sie zum Weinen. •	• Ils te mettent en difficulté.
5. Sie rennen das Kind zu Boden. •	• Il y a le feu.
6. Sie bringt das Kind ins Bett. •	• Il court se mettre à l'abri.
7. Sie wenden sich zum Gehen. •	• Il la fait pleurer.
8. Sie bringen dich in Schwierigkeiten. •	• Ce n'est pas le genre de la maison.
9. Er kennt fast die ganze Welt. •	• Ils renversent l'enfant en courant.

* Nous connaissons la chanson !

33 Les verbes pronominaux

Cours

Les verbes pronominaux sont les verbes accompagnés d'un pronom réfléchi :
sich freuen → se réjouir

1. les verbes seulement pronominaux

On les reconnaît car ils n'existent que sous cette forme et ont une signification bien précise :

Er schämt sich für sein Verhalten. → Il a honte de son comportement.

Ich habe mich verlaufen. → Je me suis égaré.

Attention ! Certains verbes pronominaux en français ne le sont pas en allemand et inversement :

s'arrêter → *stehen bleiben*

s'étonner → *staunen*

changer → *sich verändern*

2. Les verbes tantôt pronominaux, tantôt non pronominaux

Ich ziehe mich an. → Je m'habille.

Ich ziehe das Baby an. → J'habille le bébé.

Ich ziehe mir eine Jacke an. → J'enfile une veste.

3. Les verbes utilisés avec le pronom réciproque *einander*

Certains verbes peuvent s'associer à la préposition *einander*, traduite de façon diverse en français :

Wir respektieren einander. → Nous nous respectons mutuellement.

Sie gleichen einander. → Ils se ressemblent.

Sie reichen einander die Hand. → Ils se tendent la main.

Sie folgen aufeinander. → Ils se succèdent.

4. La conjugaison au présent de *sich beeilen* et de *sich etw. verschaffen*

sich beeilen (se hâter)	sich etw. verchaffen (se procurer qqch.)
ich beeile mich	ich verschaffe mir etw.
du beeilst dich	du verschaffst dir etw.
er/sie/es beeilt sich	er/sie/es verschafft sich etw.
wir beeilen uns	wir verschaffen uns etw.
ihr beeilt euch	ihr verschafft euch etw.
sie/Sie beeilen sich	sie/Sie verschaffen sich etw.

Exercices

LEICHT

1 Choisissez le pronom à ajouter.

1. Er putzt .... die Zähne.
2. Er hat dich verlassen, du kannst .... nicht auf ihn verlassen.
3. Wir denken .... viele Geschichten aus.
4. Wo befindet ihr ....?
5. Ich kenne .... hier nicht aus.

MITTEL

2 Reliez les phrases à leur traduction.

1. Gegensätze ziehen sich. •	• Ne te risque pas dans la cage aux lions.
2. Mühsam ernährt sich das Eichhörnchen. •	• Qui aime bien, châtie bien.
3. Er ruht sich auf seinen Lorbeeren. •	• Les contraires s'attirent.
4. Was liebt sich, das neckt sich. •	• Petit à petit l'oiseau fait son nid.
5. Begib dich nicht in die Höhle des Löwen! •	• Il se repose sur ses lauriers.

SCHWER

3 Traduisez en utilisant l'aide proposée entre parenthèses.

1. Nous avons fait connaissance à Berlin (kennenlernen). ....
....
2. Il te faut trouver des solutions (sich Lösungen ausdenken). ....
....
3. Il y a bien des façons de se réjouir (viele Arten/sich freuen). ....
....
4. Vienne se considère volontiers comme la capitale de la musique (sich als ... sehen). ....
5. Le taux d'inflation n'a pas changé (die Inflationsrate/sich verändern).
....

* Qui se ressemble, s'assemble.

34 L'infinitif avec ou sans *zu* et le double infinitif

Cours

Généralement, l'infinitif est précédé de *zu* :

Er hat keine Lust, ins Kino zu gehen. → Il n'a pas envie d'aller au cinéma.

Die Strategie der Kampagne scheint aufzugehen.

→ La stratégie de la campagne semble fonctionner.

Mais ce n'est pas toujours le cas.

1. L'infinitif sans *zu*

L'infinitif n'est pas précédé de *zu* dans plusieurs cas :

- **quand la phrase est au futur :**

Er wird mich vom Bahnhof abholen. → Il viendra me chercher à la gare.

- **après un verbe de modalité :**

Du sollst mehr arbeiten, wenn du nicht sitzen bleiben willst.

→ Tu dois travailler davantage si tu ne veux pas redoubler.

- **après les verbes *fahren*, *führen*, *gehen*, *kommen*, *laufen* :**

Sie führt ihren Hund spazieren. → Elle sort promener son chien.

- **après les verbes *lassen*, *machen*, *schicken* :**

Er schickt mich einkaufen. → Il m'envoie faire les courses.

- **après les verbes de perception *fühlen*, *hören*, *sehen* et *spüren* :**

Er hörte sie in Salzburg singen. → Il l'entendit chanter à Salzburg.

- **après les verbes *heißen* (ordonner), *helfen*, *lehren* et *lernen* :**

Hilf mir bitte das Paket tragen! → Aide-moi s'il te plaît à porter le paquet !

2. Le double infinitif

Le double infinitif est obligatoire avec les verbes de modalité et le verbe *lassen* à un temps composé suivi d'un infinitif :

Er hat sehr hart arbeiten müssen. → Il a dû travailler très durement.

Er hat sein Handy im Büro liegen lassen. → Il a laissé son portable au bureau.

Le double infinitif est possible avec les verbes de perception :

Er hat sie in Salzburg singen hören/gehört.

Attention ! **Dans une subordonnée avec un double infinitif, l'auxiliaire se met en tête des formes verbales :**

Er sagt mir, dass er sie in Salzburg hat singen hören.

→ Il me dit l'avoir entendue chanter à Salzburg.

Exercices

LEICHT

1 Ajoutez le *zu* au bon endroit dans les propositions infinitives :

Kinder, vergesst nicht...

1. den Tisch abdecken ....
2. den Mülleimer runterbringen ....
3. die Spülmaschine einräumen und einschalten ....
4. euch um die Katze kümmern ....
5. und die Tür schließen ....

MITTEL

2 *Zu* ou pas *zu* devant les infinitifs ?

1. Im Film *Der junge Karl Marx* verkörpert August Diehl den jungen Sozialisten in einer Zeit, in der er mit Engels in Paris den Massen ein neues Weltbild .... geben wollte und versuchte, eine neue Vision von menschlicher Gemeinschaft .... formulieren.
2. Beide hatten die Energie einer Jugend, die die Welt .... verändern wollte.
3. August Diehl behauptet, dass er in die Zeit ab .... tauchen musste, um gut .... spielen .... können.
4. Klara sieht eine Schlange durch die Gräser .... kriechen. Sie kann das nicht aus .... halten, und man hört sie laut auf .... schreien. Ihr Bruder läuft Hilfe .... holen, denn Klara weiß sich nicht .... helfen.

SCHWER

3 Traduisez les phrases suivantes.

1. Il faut rire tous les jours. ....
2. Je n'ai pas le temps de m'asseoir. ....
3. Je me réjouis à la pensée (sich darauf freuen) de me retrouver bientôt à la maison. ....
4. Que peut-on faire pour être heureux ? ....
5. Il a fait venir le réparateur il y a une semaine. ....
....
6. Ce soir nous allons nager ? Veux-tu venir avec nous ? ....
....

* C'est dans les vieux pots qu'on fait les meilleures soupes.

35 L'impératif

Cours L'impératif sert à exprimer un ordre.

1. L'impératif à la 2e personne (singulier) des verbes faibles

La 2e personne du singulier des verbes faibles (réguliers) utilise le radical de l'infinitif : *Stell dir das vor!* → Imagine ça !

L'ajout d'un *e* est obligatoire quand le radical de l'infinitif se termine par *-chn*, *-d*, *-fn*, *-ig*, *-t*, *-tm* :

Rede nicht so schnell! → Ne parle pas aussi vite !

Öffne bitte das Fenster! → Ouvre la fenêtre, s'il te plaît.

Pour les verbes dont le radical se termine par *-eln*, le *e* du radical tombe :
sammeln → *sammle!*

Pour les verbes dont le radical se termine en *-ern*, deux formes sont possibles :
fordern → *fordere/fordre!*

2. L'impératif à la 2e personne (singulier) des verbes forts

La 2e personne du singulier des verbes forts en *-e* (verbes irréguliers) utilise la voyelle irrégulière de leur présent :

Sieh mich an! → Regarde-moi !

Nimm dein Buch! → Prends ton livre.

Exception : *werden* → *werde!*

Les autres verbes forts ont des formes régulières à l'impératif.

3. L'impératif à la deuxième personne du pluriel

La 2e personne du pluriel pour tous les verbes est analogue à la 2e personne du pluriel de leur présent de l'indicatif :

Nehmt euer Buch! → Prenez votre livre.

Passt auf! → Faites attention !

Hört mit dem Lärm auf! → Cessez le bruit !

4. L'impératif à la 1re personne du pluriel et à la forme de politesse

À la 1re personne du pluriel et à la forme de politesse, les verbes utilisent les formes de leur présent en inversant les pronoms :

Gehen wir ins Kino! (ou *lasst uns ins Kino gehen!*) → Allons au cinéma !

Gehen Sie ins Kino! → Allez au cinéma ! (forme de politesse)

Exception : *sein*

Seien wir aufmerksam! → Soyons attentifs !

Seien Sie aufmerksam! → Soyez attentif (forme de politesse) !

Exercices

LEICHT

1 **Mettez les groupes infinitifs suivants à l'impératif : à la 2e personne du singulier et du pluriel et à la forme de politesse.**

1. einen Moment warten ....
2. höflich sein ....
3. dieses Buch lesen ....
4. seine Telefonnummer geben ....
5. sich umdrehen ....

MITTEL

2 **Utilisez directement l'impératif.**

1. Herr Lehrer, ich möchte, dass Sie uns diese Regel noch einmal erklären. ....
2. Ihr sollt lauter reden. ....
3. Wir wollen den Lehrer nach seiner Meinung befragen. ....
4. Frau Müller, wir möchten, dass Sie uns helfen. ....
5. Du sollst deine Schwester begleiten. ....
6. Du sollst den anderen Teilnehmern helfen. ....
7. Du sollst dein Heft nehmen. ....
8. Ihr sollt ein Wort im Wörterbuch nachschlagen. ....

SCHWER

3 **Traduisez les phrases suivantes.**

1. Occupe-toi de ton chat ! ....
2. N'oublie pas de fermer la porte ! ....
3. Descends la poubelle ! ....
4. Ne me mens pas ! (jdn anlügen) ....

* Mieux vaut travailler intelligemment que péniblement !

36 Le passif

Cours

Le passif est très employé en allemand. L'auxiliaire utilisé est *werden* et le participe passé aux temps composés est *worden*.

1. Les prépositions introductives du complément d'agent

Le complément d'agent est introduit :

- par ***von*** s'il est à la source de l'action :

*Der Brief wurde **von** seiner Mutter geschrieben.* → La lettre fut écrite par sa mère.

- par ***durch*** s'il n'en est que l'intermédiaire :

*Ich wurde **durch** eine Mail verständigt.* → Je fus prévenu par mail.

- par ***mit*** si ce n'est qu'un moyen utilisé :

*Das weiche Holz wird **mit** dem Messer geschnitzt.*
→ Le bois tendre est sculpté au couteau.

2. Le présent du passif

*Der Kürbiskopf **wird** von den Kindern **geschnitzt**.*
→ La citrouille est sculptée par les enfants.

3. Le prétérit du passif

*Der Kürbiskopf **wurde** von den Kindern **geschnitzt**.*
→ La citrouille était/fut sculptée par les enfants.

4. Le parfait du passif

*Der Kürbiskopf **ist** von den Kindern **geschnitzt worden**.*
→ La citrouille a été sculptée par les enfants.

5. Le plus-que-parfait du passif

*Der Kürbiskopf **war** von den Kindern **geschnitzt worden**.*
→ La citrouille avait été sculptée par les enfants.

6. Le futur du passif

*Der Kürbiskopf **wird** von den Kindern **geschnitzt werden**.*
→ La citrouille sera sculptée par les enfants.

7. Le futur antérieur du passif

*Der Kürbiskopf **wird** von den Kindern **geschnitzt worden sein**.*
→ La citrouille aura été sculptée par les enfants.

8. L'infinitif du passif

: *geschnitzt werden* → être sculpté

Exercices

LEICHT

1 Mettez au passif en respectant le temps employé.

1. Ältere Menschen können gut eine Fremdsprache lernen. ....

....

2. Ein britisches Paar warf einen Flaschenpost ins Mittelmeer. Ein Fischer entdeckte sie. ....

3. In Nicaragua planen deutsche Architekten ein gigantisches Bauprojekt.

....

4. Besitzer exotischer Tiere haben eine Boa ins Freie gesetzt. ....

....

5. Im Filmfestival hat man unterschiedliche französische Filme gesehen.

....

6. Das Kind schreibt einen Brief mit einem Bleistift. ....

....

7. Ein Reisender hatte die Notbremse gezogen. ....

....

MITTEL

2 a., b. ou c. ? Cochez la bonne traduction parmi les énoncés suivants.

1. Le magasin sera fermé.
   - ☐ a. Das Geschäft wird geschlossen worden sein.
   - ☐ b. Das Geschäft wurde geschlossen
   - ☐ c. Das Geschäft wird geschlossen werden.
2. Nous avons été contrôlés à la frontière.
   - ☐ a. An der Grenze sind wir kontrolliert worden.
   - ☐ b. An der Grenze werden wir kontrolliert werden.
   - ☐ c. An der Grenze waren wir kontrolliert worden.
3. Notre valise fut examinée.
   - ☐ a. Unser Koffer ist untersucht worden.
   - ☐ b. Unser Koffer wurde untersucht.
   - ☐ c. Unser Koffer wird untersucht werden.

* Mot à mot : Partout où l'on rabote, tombent des copeaux
On ne fait pas d'omelette sans casser d'œufs.

37 Le passif impersonnel

Cours

Souvent utilisé en allemand, il correspond à l'emploi de notre pronom *on*.
Comme il n'a pas de sujet, on emploie le pronom *es* qui disparaît s'il n'est pas à la première place.

Es wird hier geraucht./Hier wird geraucht. → C'est ici qu'on fume.
Es wurde am Rathaus vorbeigefahren. → On passa devant l'hôtel de ville.
Es wird viel Wein in dieser Bar getrunken/In dieser Bar wird viel Wein getrunken. → Dans ce bar, on boit beaucoup de vin.
Es wird hart auf dieser Baustelle gearbeitet./Auf dieser Baustelle wird hart gearbeitet. → On travaille dur sur ce chantier.

1. Les temps du passif impersonnel

Les temps du passif impersonnel sont les mêmes qu'avec le passif personnel, le futur est rarement utilisé :

Présent : *Es wird getanzt.* → On danse.
Prétérit : *Es wurde getanzt.* → On dansa. / On dansait.
Parfait : *Es ist getanzt worden.* → On a dansé.
Plus-que-parfait : *Es war getanzt worden.* → On avait dansé.

2. Le passif impersonnel et les verbes de modalité

On trouve souvent le passif impersonnel accompagné d'un verbe de modalité :
Man darf hier nicht parken.
Es darf hier nicht geparkt werden./Hier darf nicht geparkt werden. }
→ Il est interdit de stationner ici.

3. Le passif impersonnel et les verbes suivis du datif

Le passif impersonnel admet les constructions avec les verbes suivis du datif (*danken, folgen, gratulieren, helfen*...) :
Man dankt ihm.
Es wird ihm gedankt./Ihm wird gedankt. } On le remercie.
Man folgte ihnen.
Es wurde ihnen gefolgt./Ihnen wurde gefolgt. } On les suivit.

4. Le passif impersonnel et l'expression de l'ordre

Jetzt wird geschlafen. → Il faut dormir maintenant.
Jetzt wird sich vorgesehen! → Maintenant, il faut faire attention !

*ES WIRD NICHTS SO HEIß GEGESSEN, WIE ES GEKOCHT WIRD.

Exercices

LEICHT

1 Transformez ces phrases à l'aide d'un passif impersonnel.

1. Man isst um 12. ....
2. Man sieht jeden Abend fern. ....
3. Man spielt manchmal Tennis. ....
4. Man schlendert am Fluss entlang. ....
5. Man schaut zum Fenster hinaus. ....

MITTEL

2 Utilisez le passif impersonnel pour construire de nouvelles phrases.

1. Man nimmt am Schicksal des Romanhelden teil. ....
2. Sieben Jahre hat man daran gearbeitet. ....
3. Man muss leider auf diese Reise verzichten. ....
4. Man hilft ihm bei den Hausaufgaben. ....
5. Man berichtete in der Zeitung von einem schweren Unfall. ....

....

6. Man träumt oft von exotischen Inseln. ....
7. Was soll dir dein Bruder schicken? ....

SCHWER

3 Traduisez les phrases suivantes.

1. On boit beaucoup de vin dans ce bar. ....
2. On m'expliqua comment arriver à l'école. ....
3. On vous demande au téléphone. ....
4. On m'offrit des livres. ....
5. On ne leur offrit jamais rien. ....
6. Quand doit-on vous réveiller ? ....
7. Ici, on parle allemand. ....
8. On travaille dur dans cette entreprise. ....
9. Le dimanche, on se lève tard. ....
10. Il y a eu un cambriolage chez les Müller (einbrechen). ....

....

* Les plats servis ne sont jamais aussi chauds que pendant leur cuisson
Ce n'est pas toujours aussi grave que ça en a l'air.

38 Les propositions « complétive » et « causale »

Cours

Il existe deux types de subordonnées : les complétives et les causales. Elles sont introduites par les conjonctions *dass*, *que* ; *ob*, si ; et *weil*, parce que ou *da*, comme. Comme dans toute subordonnée, la proposition se termine par le verbe conjugué. Une virgule est obligatoire entre la proposition principale et la subordonnée.

1. La subordonnée complétive

Comme son nom l'indique, elle complète un énoncé.

Elle est introduite par ***dass*** :

Er hat uns gestern gesagt, dass er den ersten Preis gewonnen hat.

→ Il nous a dit hier qu'il a gagné le premier prix.

2. La suppression possible de *dass*

Dans la langue parlée de tous les jours, ***dass*** est souvent supprimé après des verbes qui expriment une opinion :

Ich denke, er kommt bald nach Hause. → Je pense qu'il va revenir bientôt à la maison.

3. La subordonnée introduite par *ob*

La subordonnée introduite par ***ob*** est considérée comme une subordonnée interrogative :

*Weißt du, **ob** dieser Zug nach Köln fährt?* → Sais-tu si ce train va à Cologne ?

4. La subordonnée causale

Elle est introduite soit par ***weil***, parce que, soit par ***da***, comme, vu que.

- La subordonnée introduite par ***weil*** :

Er kann leider uns nicht helfen, weil er viel Arbeit hat.

→ Il ne peut malheureusement pas nous aider parce qu'il a du travail.

- La subordonnée introduite par ***da*** :

*Da er im Lotto viel Geld gewonnen hat, **ist** er großzügig geworden.*

→ Comme il a gagné beaucoup d'argent au loto, il est devenu généreux.

Da die heutige Situation schwierig ist, sind viele Leute arbeitslos.

→ Comme la situation actuelle est difficile, beaucoup de gens sont au chômage.

La proposition avec ***da*** est très souvent placée en début de proposition. Dans ce cas, la subordonnée occupe la première place de la proposition et le verbe conjugué se trouve en seconde place dans la principale.

*WER SAGTE, DASS EIN LÄCHELN DIE SCHÖNSTE SPRACHE DER WELT IST?

Exercices

LEICHT

1 Complétez la phrase en conjuguant le verbe entre parenthèses.

1. Ich weiß, dass du morgen nach Berlin (fahren) ....
2. Weiß er, dass ihr heute Abend ins Kino (gehen) ....?
3. Ich habe erfahren, dass er einen neuen Wagen gekauft (haben) ....
4. Ich kann das Haus nicht kaufen, weil es zu teuer (sein) ....
5. Du kannst die Zeitung nicht lesen, weil du deine Brille vergessen (haben) ....

MITTEL

2 Transformez les phrases sur le modèle suivant :
Bleibt er zu Hause? Ich weiß es nicht.
→ Ich weiß es auch nicht, ob er zu Hause bleibt.

1. Trinkt er Rotwein? Ich weiß es auch nicht, ...
....
2. Kann er bald wieder arbeiten? Ich weiß es auch nicht, ...
....
3. Kommt sie heute Abend vorbei? Ich weiß es auch nicht, ...
....
4. Ist er schon in Frankreich gewesen? Ich weiß es auch nicht, ...
....

SCHWER

3 Traduisez les phrases suivantes.

1. Le chien aboie (bellen) parce qu'il a entendu du bruit. ....
....
2. Tu dois rester au lit parce que tu as de la fièvre. ....
....
3. Peux-tu me dire si tes parents sont à la maison ? ....
....
4. Comme il est déjà tard, je reste à la maison. ....
....

* Qui a dit qu'un sourire était la plus belle langue du monde ?

39 La subordonnée temporelle

Cours

Dans les subordonnées temporelles, on emploie de très nombreuses conjonctions pour rendre la notion du temps.

1. La traduction de quand

Wann, **en tant qu'interrogatif, est généralement placé en début de phrase. Il peut être également une conjonction introduisant une subordonnée s'il reprend une interrogation :** ***Wann*** *kommt er?* → Quand vient-il ?
Ich weiß gar nicht, ***wann*** *er kommt.* → Je ne sais pas du tout quand il va venir.

Wenn **signifie à chaque fois que :**
Wenn *die Woche beginnt, fühle ich mich müde.*
→ Quand la semaine commence, je me sens fatigué.

Als **s'emploie pour exprimer le moment précis ou un événement passé :**
Als *ich in Deutschland war, habe ich viel Bier getrunken.*
→ Quand j'étais en Allemagne, j'ai bu beaucoup de bière.

2. L'antériorité : *bevor*, avant de, avant que

En allemand, avant de ne peut pas être traduit par une proposition infinitive comme en français :
Bevor du schläfst, putze dir die Zähne! → Avant de dormir, brosse-toi les dents !
Nimm deine Schlüssel mit, bevor du die Tür zumachst.
→ Prends tes clés avant de fermer la porte.

3. La postériorité : la traduction de après avoir

Nachdem **traduit après avoir et après que.**
Quand la principale est au présent, la subordonnée est obligatoirement au parfait ; quand la principale est au prétérit, la subordonnée est au plus-que-parfait :
Nachdem es sich gewaschen hat (hatte), nimmt (nahm) er sein Frühstück.
→ Après s'être lavé, il prend (a pris) son petit-déjeuner.

4. Les autres conjonctions introduisant une subordonnée temporelle

- ***Seit*** **(ou** ***seitdem*****), depuis que :** *Seit er vegetarisch ist, kann er kein Fleisch mehr essen.* → Depuis qu'il est végétarien, il ne peut plus manger de viande.
- ***Während*****, pendant que :** *Während ich meine Lektion lerne, spielt mein Bruder Klavier.* → Pendant que j'apprends ma leçon, mon frère joue du piano.

remarque il ne faut pas le confondre avec *während* + génitif qui est une préposition : *während des Sommers* → pendant l'été.

On utilise également ***sobald*****, dès que ;** ***solange*****, tant que et** ***sooft*****, à chaque fois que.**

*SCHLAF DU NICHT, WENN DER NEIGUNG STIMME SPRICHT!

Grillparzer (Ständchen)

Exercices

LEICHT

1 Complétez à l'aide de *wenn* ou *als*.

1. .... der Wecker klingelt, bin ich oft schon wach.
2. .... sein Vater starb, war er erst 15.
3. .... er aufstand, hörte er plötzlich viel Lärm im Haus.
4. .... ich die Zeitung lese, trinke ich gern ein Glas Bier.
5. .... es schneite, blieben wir immer zu Hause.
6. .... der Herbst kommt, haben die Bäume schöne Farben.

MITTEL

2 Choisissez entre *wenn*, *wann* et *ob*.

1. Ich frage mich, ... er nicht krank ist.
2. Ich begleite dich zum Artzt, ... du willst.
3. Weißt du, ... er eine Stelle gefunden hat?
4. .... er dich sieht, wird er dich nicht erkennen.
5. Frage sie, ... sie einverstanden ist.
6. Ich kann dir nicht sagen, ... er kommen will.

SCHWER

3 Traduisez les phrases suivantes.

1. Bevor du deine Freunde einlädst, räum(e) dein Zimmer auf! ....

....

2. Nachdem er sein Auto gewaschen hat, fährt er in die Stadt. ....

....

3. Seitdem ich Sport treibe, fühle ich mich besser. ....

....

4. Ich kann mich nicht konzentrieren, solange sie laut singt. ....

....

5. Ruf mich an, sobald du die gute Nachricht bekommst. ....

....

6. Während du einkaufen gehst, fahre ich zur Tankstelle. ....

....

* Ne dors pas quand parle la voix de l'amour !

40 Les subordonnées concessive et comparative

Cours

La subordonnée concessive est suivie de l'indicatif, la subordonnée comparative du subjonctif II.

1. La subordonnée concessive

Elle exprime une restriction et est introduite par la conjonction ***obwohl***, bien que, (et plus rarement par ***obgleich*** ou ***obschon***).

À l'inverse du français, elle n'est pas suivie du subjonctif, mais de l'indicatif.
La subordonnée est très souvent en première place dans la proposition :

*Obwohl er sehr reich **ist**, ist er gar nicht großzügig.*

→ Bien qu'il soit très riche, il n'est pas du tout généreux.

*Obwohl meine Nachbarn jetzt alt **sind**, fahren sie immer noch Auto.*

→ Bien que mes voisins soient maintenant âgés, ils continuent de conduire.

2. La concession exprimée par des locutions

Ces locutions invariables sont considérées comme occupant une place 0 dans la phrase :

- ***Er mag noch so...*** → **Il a beau...**

Er mag noch so weiter spielen, er kann den ersten Preis nicht gewinnen.

→ Il a beau continuer à jouer, il ne pourra pas gagner le premier prix.

- ***Was auch sein mag...*** → **Quoi qu'il arrive...**

Was auch sein mag, wir fahren nach Berlin nächste Woche.

→ Quoi qu'il arrive, nous partirons à Berlin la semaine prochaine.

- ***So... er auch sein mag...*** → **Aussi ... qu'il soit**

So stark er auch sein mag, er kann dieses Klavier nicht allein transportieren.

→ Aussi fort qu'il soit, il ne peut pas transporter ce piano seul.

- ***Es sei denn*** → **à moins que**

La locution est toujours placée en apposition entre virgules.

*Ich werde ein Taxi rufen, **es sei denn**, du kannst mich fahren.*

→ J'appellerai un taxi, à moins que tu puisses me conduire.

3. La subordonnée comparative

On emploie l'expression ***tun, als ob*** (faire comme si..., faire semblant de) qui est toujours suivie d'une forme verbale au subjonctif II.

*Du tust, als ob du reich **wärest**.* → Tu fais semblant d'être riche.

Parfois, le ***ob*** est supprimé. Alors le verbe conjugué se place immédiatement après ***als*** :

Er benimmt sich, als wäre er ein Geschäftsmann.

→ Il se comporte comme (s'il était) un homme d'affaires.

*DAS IST EIN GEWISSER FORTSCHRITT, SO KLEIN ER AUCH SEIN MAG.

Exercices

LEICHT

1 *Richtig oder falsch?* Vrai ou faux ? Cochez la case qui convient.

	richtig	falsch
1. *Obwohl* peut être remplacé par *obgleich*.	☐	☐
2. On emploie le subjonctif après *obwohl* comme en français.	☐	☐
3. La locution *als ob* est suivie du subjonctif II.	☐	☐
4. Après *Was auch sein mag*, je construis une proposition normale.	☐	☐
5. Quand la subordonnée avec *obwohl* commence la proposition, le verbe de la principale se met en deuxième place.	☐	☐

MITTEL

2 Conjuguez le verbe. Attention au mode employé !

1. Er geht ins Schwimmbad, obwohl er nicht schwimmen .... (können).
2. Wir tun, als ob wir tüchtig .... (arbeiten).
3. Obwohl er fleißig gearbeitet .... (haben), ist er im Examen durchgefallen.
4. Er sieht freundlich aus, als ob er gutgelaunt .... (sein).
5. Du magst noch so schreien, ich (gehen) .... nicht nach draußen.

SCHWER

3 Traduisez les phrases suivantes.

1. Obwohl er in Berlin wohnt, ist er nie ins Parlament gegangen. ....
....
2. Was du auch machen magst, du wirst nicht gewinnen. ....
....
3. So schnell er auch laufen mag, er wird nicht der erste sein. ....
....
4. Er tut, als hätte er das Examen bestanden. ....
....

* C'est un progrès, aussi petit soit-il.

41 Le subjonctif II

Cours

Le subjonctif II sert essentiellement à exprimer le conditionnel mais s'emploie aussi avec *als ob* (comme si), *zu ..., dass ...* (trop ... pour pouvoir ...). Il est utilisé également pour transposer, dans certains cas, le discours direct au discours indirect. Il existe trois temps : le présent, le passé et le futur.

1. Le présent du subjonctif II des verbes faibles (réguliers)

Il est identique à leur prétérit :

lernen → *ich lernte* = j'apprenais/j'appris ou j'apprendrais

Conjugaison : ich lernte • du lerntest • er lernte • wir lernten • ihr lerntet • sie/Sie lernten

2. Le présent du subjonctif II des verbes forts (irréguliers)

Il se forme à partir de leur prétérit auquel on ajoute une inflexion (***ä, ö, ü***) et un ***e*** : *sein* → *ich wäre*

Conjugaison : ich wäre • du wärest • er wäre • wir wären • ihr wäret • sie/Sie wären

Wenn sie käme, wäre ich froh. → Si elle venait, je serais content.

3. Les exceptions

- ***Sollen*** et ***wollen*** ne prennent pas l'inflexion, leur présent du subjonctif II est analogue à leur prétérit.
- ***Brennen*** (brûler), ***kennen*** (connaître), ***nennen*** (nommer), ***rennen*** (courir) gardent le ***e*** de leur radical :

Er tat, als ob er mich nicht kennte.

→ Il fit comme s'il ne me connaissait pas./Il fit semblant de ne pas me connaître.

- ***Schwören*** (jurer), ***sterben*** (mourir), ***verderben*** (gâcher), ***werben*** (faire de la publicité), ***werfen*** (jeter) → ***ich schwüre, ich stürbe, ich verdürbe, ich würbe, ich würfe***

4. Le passé du subjonctif II

Il se forme avec l'auxiliaire au présent du subjonctif II et le participe passé du verbe :

träumen (rêver) → Ich hätte geträumt. *laufen* (courir) → *Ich wäre gelaufen.*

5. Le futur du subjonctif II

Il se forme avec le présent du subjonctif II de ***werden*** et l'infinitif du verbe :

Wenn er jünger wäre, würde er schneller laufen.

→ S'il était plus jeune, il courrait plus vite.

"*WENN ICH EIN VÖGLEIN WÄR'
UND AUCH ZWEI FLÜGLEIN HÄTT',
FLÖG' ICH ZU DIR."

Johann Gottfried Herder

Exercices

LEICHT

1 Complétez le tableau des verbes à la 1re personne.

	Prétérit	Présent subj. II	Passé subj. II
bringen			
gehen			
fahren			
sprechen			
wollen			
denken			
wünschen			
rennen			

MITTEL

2 Transformez la phrase pour exprimer un regret au passé du subjonctif II :

Du hast mich nicht angerufen. → Wenn du mich doch angerufen hättest!

1. Du hast uns nicht besucht. ....
2. Ihr seid nicht zu Hause geblieben. ....
3. Er ist nicht fleißig gewesen. ....
4. Du hast mir nichts gesagt. ....
5. Wir sind zu spät zu ihm gekommen. ....

SCHWER

3 Traduisez les phrases suivantes en vous aidant du vocabulaire donné entre parenthèses.

1. J'aimerais t'inviter à prendre un café (zum Kaffee einladen). ....
....
2. Il aurait aimé acheter cette voiture. ....
3. Tu ne m'aurais rien dit de toute façon (sowieso). ....
....
4. J'aurais dû t'écouter. ....
5. Ils seraient heureux ici, ils pourraient jouer dans le jardin. ....
....

* Si j'étais un petit oiseau et avais aussi deux ailes, je volerais vers toi.

42 La subordonnée conditionnelle

Cours

La subordonnée conditionnelle est une subordonnée introduite par *wenn* qui peut exprimer trois types d'hypothèses.

1. L'hypothèse réalisable

C'est dans ce cas le présent de l'indicatif qui est employé :

Wenn du morgen kommst, gehen wir zusammen ins Konzert.

→ Si tu viens demain, nous irons ensemble au concert.

Le futur proche est rendu par le présent dans la principale.

2. L'hypothèse non réalisable au moment où l'on parle, mais possible

On utilise alors le subjonctif II dans la subordonnée et en général la forme en ***würde*** + infinitif dans la principale :

*Wenn du morgen **kämest**, **würden** wir zusammen ins Konzert **gehen**.*

→ Si tu venais demain, nous irions ensemble au concert.

La forme en ***würde*** + verbe à l'infinitif

Cette forme est assez souvent utilisée dans une subordonnée, surtout dans le cas de la présence d'un verbe faible :

*Wenn du mehr arbeiten **würdest**, **würdest** du bessere Noten bekommen.*

→ Si tu travaillais davantage, tu obtiendrais de meilleures notes.

*Wenn es nicht regnen **würde**, **würde** ich den Rasen mähen.*

→ S'il ne pleuvait pas, je tondrais le gazon.

3. L'hypothèse qui n'a pas été réalisée

On exprime le regret avec le subjonctif II passé, temps de l'irréel :

*Wenn du mir früher **geschrieben hättest**, **wäre** ich **gekommen**.*

→ Si tu m'avais écrit plus tôt, je serais venu.

*Wenn er nicht so früh **weggegangen wäre**, **hätte** ich ihn **gegrüßt**.*

→ S'il n'était pas parti si tôt, je l'aurais salué.

On peut supprimer ***wenn*** : le verbe conjugué de la subordonnée vient alors en 1re place et on met souvent ***dann*** en début de principale :

***Hättest** du mir früher **geschrieben**, dann wäre ich gekommen.*

Ces deux auxiliaires, ***ich hätte***, j'aurais ; ***ich wäre***, je serais, n'existent que sous cette forme au subjonctif II. Parmi les autres auxiliaires de mode, seuls ***wollen*** et ***sollen*** ne prennent pas d'inflexion au subjonctif II.

*WENN DAS WÖRTCHEN „WENN" NICHT WÄR', WÄR' ICH SCHON LÄNGST MILLIONÄR...

Exercices

LEICHT

1 Mettez les verbes suivants à la 2e personne du singulier du présent du subjonctif II.

1. kommen: du ....
2. rufen: du ....
3. stellen: du ....
4. sein: du ....
5. laufen: du ....
6. singen: du ....

MITTEL

2 Complétez par un subjonctif II hypothétique ou irrél.

1. Ich .... gern eine Hose gekauft.
2. An seiner Stelle .... ich dorthin nicht gegangen.
3. Ich .... beinahe vergessen, sie abzuholen.
4. .... du gern mit mir in die Stadt fahren?
5. Ohne ihn .... ich die Adresse nie gefunden.
6. Wenn ich die Tür geschlossen ...., wären die Diebe ins Haus nicht gekommen.

SCHWER

3 Formez des phrases en réunissant un élément de chaque goupe.

1. Wenn ich weiß, wohin du fährst, •	• wäre sie mit uns ans Meer gefahren.
2. Wenn du in der Nacht besser schliefest, •	• würdest du am Tag wach bleiben.
3. Wenn er sich ein Moped kaufen würde, •	• begleite ich dich gern.
4. Wenn Mutter nicht krank gewesen wäre, •	• hätte ich mir ein ein kleines Boot gekauft.
5. Wenn ich im Lotto gewonnen hätte, •	• könnte er schneller an die Arbeit gehen.

* Si le petit mot « si » n'existait pas, je serais millionnaire depuis longtemps.

43 La subordonnée indirecte avec pronoms interrogatifs

Cours

La subordonnée indirecte est introduite par des pronoms déclinables ou invariables.

1. Les pronoms déclinables

• ***Wer*** *hat eben angerufen?* → Qui vient d'appeler ? (C'est une interrogation directe).
Ich weiß nicht, ***wer*** *eben angerufen hat.* → Je ne sais pas qui vient d'appeler. (C'est une interrogation indirecte).

• ***Wen*** (acc.) *hast du gestern getroffen?* → Qui (acc.) as-tu rencontré hier ?
Ich erinnere mich nicht, ***wen*** *ich gestern getroffen habe.*
→ Je ne me souviens pas qui j'ai rencontré hier.

• ***Wem*** (dat.) *hat er diese Blumen geschenkt?* → À qui a-t-il offert ces fleurs ?
Ich kann nicht sagen, ***wem*** *er diese Blumen geschenkt hat.*
→ Je ne peux pas dire à qui il a offert ces fleurs.

2. Les pronoms *welcher, welche, welches, welche* (pl.)

Les pronoms *welcher*, *welche*, *welches*, *welche* correspondent à lequel, laquelle, lesquels.
Ils se déclinent sur le modèle des articles définis *der, die, das, die*.
Du hast viele Bücher in deiner Bibliothek. Sag mir, ***welche*** *du gern liest.*
→ Tu as beaucoup de livres dans ta bibliothèque. Dis-moi lesquels tu aimes lire.

3. Les pronoms invariables dans la subordonnée indirecte

• ***was?*** → **ce qui, ce que**
Was sagst du? Ich höre nicht, ***was du sagst***.
→ Que dis-tu ? Je n'entends pas ce que tu dis.

• ***wo?*** → **où ?** (lieu où l'on est) **;** ***wohin?*** → **où ?** (lieu où l'on va) **;** ***woher?*** → **d'où ?**
Ich habe keine Ahnung, ***wo*** *er wohnt.* → Je n'ai aucune idée où il habite.
Hat er dir gesagt, ***wohin*** *er gehen will?* → T'a-t-il dit où il veut aller ?
Niemand weiß, ***woher*** *der Rauch kommt.* → Personne ne sait d'où vient la fumée.

• ***wann?*** → **quand ?**
Ich möchte wissen, ***wann*** *dieser Lärm endlich aufhört.*
→ J'aimerais savoir quand ce bruit va enfin cesser.

• ***warum?*** → **pourquoi ?**
Frag mich nicht, ***warum*** *die Elefanten so groß sind.* → Ne me demande pas pourquoi les éléphants sont si gros.

• ***wie?*** → **comment ?**
Ich verstehe nicht, ***wie*** *er das gemacht hat.*
→ Je ne comprends pas comment il a fait cela.

*SAGE MIR, MIT WEM DU UMGEHST, UND ICH SAGE DIR, WAS DU BIST.

Exercices

LEICHT

1 Complétez avec un pronom interrogatif.

1. Sag mir, ... jetzt an der Tür ist.
2. Ich verstehe nicht, ... er nicht zum Fest gekommen ist.
3. Bleiben Sie, ... Sie sind?
4. Ich weiß nicht, ... sie alle kommen.
5. Ich frage mich, ... diese Musik stört.
6. Schau mal, ... sie geht. Es ist doch sehr weit!
7. Bleibe, ... du jetzt stehst!
8. Ich frage mich, mit .... er nach Hamburg fährt.

MITTEL

2 Associez les phrases ou membres de phrases pour produire un énoncé.

1. Du hast viele Koffer. •	• wie das möglich ist.
2. Ich frage mich, •	• Sag mir, welchen du morgen nimmst.
3. Frag ihn, •	• woher diese Leute kommen.
4. Erzähl mir bitte, •	• wann sie kommen.
5. Ich weiß nicht, •	• was du heute gemacht hast.
6. Man kann nicht verstehen, •	• wen er gesehen hat.

SCHWER

3 Traduisez les phrases suivantes.

1. Je ne peux pas te dire où il fait ses études. ....

....

2. Sais-tu comment elle va ? ....
3. Je voudrais savoir qui a fait cela. ....

....

4. Je ne comprends pas comment c'est possible. ....

....

5. Je me demande ce que mon père veut faire. ....

....

* Dis-moi qui tu fréquentes et je te dirai ce que tu es.

44 La subordonnée relative

Cours

Pour construire une subordonnée relative, il faut utiliser les pronoms relatifs en tenant compte de leur antécédent et de leur fonction dans la proposition subordonnée.

1. La formation des pronoms relatifs

	Masculin	Neutre	Féminin	Pluriel
Nominatif	der	das	die	die
Accusatif	den	das	die	die
Datif	dem	dem	der	denen
Génitif	dessen	dessen	deren	deren

Ces désinences sont semblables à celles de l'article défini excepté pour cinq formes : **les quatre formes du génitif** et le **datif pluriel.**

2. L'antécédent et les cas

L'antécédent indique le genre et le nombre du pronom relatif.
Il est suivi obligatoirement d'une **virgule**. Le cas du pronom relatif dépend de sa fonction à l'intérieur de la proposition relative :

*Der Junge, **der** (nominatif) Jörg heißt, ist zwölf Jahre alt.*
→ Le garcon **qui** s'appelle Jörg, a douze ans.
*Der Junge, **den** (accusatif) du dort siehst, lernt Chinesisch.*
→ Le garçon **que** tu vois là-bas, apprend le chinois.
*Der Junge, **dem** (datif) du dieses Buch schenkst, arbeitet viel.*
→ Le garçon **à qui** tu offres ce livre, travaille beaucoup.
*Die Freunde, **denen** (datif) wir einen guten Rat geben, freuen sich sehr.*
→ Les amis **auxquels** nous donnons un bon conseil, se réjouissent beaucoup.

3. Les formes du génitif *dessen* et *deren*

Ces deux formes sont invariables et ne sont jamais suivies d'un déterminatif, contrairement au français mais elles peuvent être suivies d'adjectifs épithètes :

*Das Haus, **dessen** (génitif) grüne Fenster sehr alt sind, gehört dem Bürgermeister.*
→ La maison **dont** les fenêtres vertes sont très vieilles appartient au maire.
*Der Junge, **dessen** (génitif) Eltern Ärzte sind, will auch Medizin studieren.*
→ Le garçon **dont** les parents sont médecins veut aussi étudier la médecine.
*Die Touristen, **deren** (génitif) Pässe nicht gültig sind, können nicht ins Ausland fahren.*
→ Les touristes **dont** les passeports ne sont pas valables, ne peuvent pas partir à l'étranger.

Exercices

LEICHT

1 Soulignez les pronoms relatifs qui sont à l'accusatif.

1. Die Leute, die wir getroffen haben und die uns gegrüßt haben, sind unsere Nachbarn.
2. Das Bier, das du getrunken hast und das gut war, kommt aus München.
3. Die Butter, die nicht mehr frisch war und die du gegessen hast, muss jetzt in den Mülleimer.
4. Der Mann, den wir letzte Woche gesehen haben und der so freundlich war, hat jetzt die Grippe.
5. Das Bild, das du schön findest und das mir nicht gefällt, ist von Caspar David Friedrich.

MITTEL

2 Complétez par le pronom relatif qui convient.

1. Das Lied, ... wir gesungen haben, hatte viel Erfolg.
2. Ich danke dir für den Brief, ... du mir geschrieben hast.
3. Die Zeitung, ... Vater gekauft hat, ist interessant.
4. Die Dame, mit .... ich gesprochen habe, ist hier neu.
5. Wir treffen heute Freunde, ... wir schon lange nicht mehr gesehen haben.
6. Das Glas, ... ich auf den Tisch gestellt habe, ist schon voll.
7. Dieser Mann, ... niemand hilft, ist obdachlos.

SCHWER

3 Traduisez les phrases suivantes.

1. Wo ist das Restaurant, in dem wir essen wollen? ....

....

2. Wer ist der Mann, der diese Frau begleitet? ....

....

3. Wie findest du das Buch, das ich gestern gekauft habe? ....

....

4. Die Blumen, die du hier siehst, sind künstlich. ....

....

* Ne scie pas la branche sur laquelle tu es assis.

45 La proposition infinitive

Cours

En allemand, tout infinitif précédé de zu et accompagné d'un complément ou d'un adverbe constitue une proposition infinitive. Une virgule sépare généralement la principale de la subordonnée :

Was passiert, wenn es nicht gelingt, die Treibhausgasemissionen zu reduzieren? → Que se passera-t-il si nous n'arrivons pas à diminuer les émissions de gaz à effet de serre ?

Die Generation der Babyboomer finden es ganz normal, abends eine Flasche Wein aufzumachen. → La génération des babyboomers trouve tout à fait normal d'ouvrir le soir une bouteille de vin.

Nicht alle Kinder sind bereit, jeden Tag fleißig für den Unterricht zu arbeiten. → Ce ne sont pas tous les enfants qui sont prêts à travailler tous les jours activement pour l'école.

1. Les propositions infinitives introduites par *um ... zu* (pour + infinitif)

Cette proposition infinitive répond à la question : *wozu?* → pourquoi ?

Ich fahre an die See, um meine Sorgen zu vergessen.

→ Je vais au bord de la mer pour oublier mes soucis.

Wir brauchen Geld, um nach Berlin zu fahren.

→ Nous avons besoin d'argent pour aller à Berlin.

2. Les propositions infinitives introduites par *(an)statt ... zu* (au lieu de + infinitif)

Anstatt zu arbeiten, geht er mit Freunden ins Kino.

→ Au lieu de travailler, il va au cinéma avec des amis.

Anstatt ein Luxushotel zu wählen, geht er in eine Familienpension.

→ Au lieu de choisir un hôtel luxueux, il va dans une pension de famille.

3. Les propositions infinitives introduites par *ohne ... zu* (sans + infinitif)

Sie ging, ohne sich umzusehen. → Elle partit sans se retourner.

Er gibt viel Geld aus, ohne an die Zukunft zu denken.

→ Il dépense beaucoup d'argent sans penser à l'avenir.

***Um ... zu, anstatt ... zu* et *ohne ... zu* sont toujours précédés d'une virgule.**

4. Les propositions introduites par *damit*

La proposition infinitive dont le sujet diffère de celui de la principale est introduite par *damit* (pour que) :

Das Radio muss leiser sein, damit die Kinder nicht aus dem Schlaf erwachen.

→ Il faut baisser la radio pour que les enfants ne soient pas réveillés.

*ER HAT NICHT VOR, PERLEN VOR DIE SÄUE ZU WERFEN.

Exercices

LEICHT

1 Formez une proposition infinitive en utilisant les éléments proposés : Vergiss nicht,...

1. dein Zimmer aufräumen → ....
2. den Staub wischen → ....
3. die Betten neu beziehen → ....
4. das Haus lüften → ....
5. den Mülleimer runterbringen → ....
6. und die Katze füttern → ....

MITTEL

2 Reliez les éléments pour former une phrase.

1. Der Regisseur fürchtet sich davor, •	• den Bericht zu schreiben.
2. Sie freuen sich, •	• das Projekt abbrechen zu müssen.
3. Der Journalist ist daran interessiert, •	• beim Film durchzufallen.
4. Das Team ist enttäuscht, •	• die Ferien im Gebirge zu verbringen.
5. Er wurde beauftragt, •	• diese Information zu bekommen.

SCHWER

3 Traduisez les phrases suivantes.

1. As-tu oublié d'appeler ta tante ? ....
2. Je t'aide pour que tu aies de meilleures notes. ....

....

3. Je t'interdis (verbieten) de boire de l'alcool avec tes amis. ....

....

4. Il veut m'empêcher (hindern) d'ébruiter cette information (heraustragen).

....

5. Il veut réussir (es weit bringen) sans faire d'efforts (sich anstrengen).

....

* Il n'a pas l'intention de donner des perles aux cochons.

46 La rection des verbes

Cours

Il ne suffit pas d'apprendre la signification des verbes pour les employer, il faut aussi savoir comment ils se construisent. Certains verbes transitifs en allemand ne le sont pas en français et inversement. D'autres peuvent exiger un double accusatif, un datif, un génitif ou une préposition. Il faut donc apprendre leur construction par cœur quand on les rencontre.

1. Les verbes suivis de l'accusatif

Voici quelques exemples :
anrufen → passer un coup de fil à qqn • *auslachen* → se moquer de qqn • *brauchen* → avoir besoin de • *fragen* → demander à qqn • *kennen lernen* → faire la connaissance de • *loswerden* → se débarrasser de • *überleben* → survivre à...

2. Les verbes suivis d'un double accusatif

kosten → coûter • *lehren* → enseigner...
Dieses Hemd kostet mich 20 Euro. → Cette chemise me coûte 20 euros.

3. Les verbes suivis du datif

begegnen → rencontrer • *danken* → remercier • *folgen* → suivre
glauben → croire qqn • *gratulieren* → féliciter • *helfen* →aider
misstrauen → se méfier de • *sich nähern* → s'approcher de
schmeicheln → flatter • *widersprechen* → contredire • *zuhören* → écouter

4. Les verbes suivis d'une préposition

an + acc. : *denken* → penser • *sich erinnern* → se rappeler...
an + dat. : leiden → souffrir de • sich rächen → se venger de...
auf + acc. : *achten/aufpassen* → faire attention • *verzichten* → renoncer • *warten* → attendre • *antworten* → répondre (à une lettre, une question...)
auf + dat. : *beruhen* → reposer sur • *beharren/bestehen* → insister, persévérer...
aus + dat. : *bestehen* → se composer de • *essen* → manger dans • *trinken* → boire...
in + acc. : *sich mischen* → se mêler de • *sich verlieben* → tomber amoureux de....
in + dat. : *bestehen* → consister en...
mit + dat. : *anfangen* → commencer • *sich beschäftigen* → s'occuper de...
über + acc. : *sich ärgern* → être contrarié par • *sich freuen* → se réjouir de
um : *sich kümmern* → se soucier de • *beneiden* → envier qqch. à qqn • *es handelt sich* → il s'agit de...
vor + dat. : *schützen* → protéger de • *warnen* → avertir de...
zu + dat. : *beitragen* → contribuer à • *zwingen* → forcer à...

Exercices

MITTEL

1 Complétez les phrases suivantes.

1. Es handelt sich .... einen tragischen Unfall.
2. Ich beneide sie .... ihre Schönheit.
3. Du sollst .... seinen Brief antworten.
4. Du kannst dich .... sie verlassen.
5. Ich muss mich .... sein Verhalten wundern.
6. Sie bittet dich .... Verzeihung.
7. .... wen wartest du denn?
8. Ich bin dein .... Schwester in diesem Geschäft begegnet.
9. Alle Fans wollten sich d............... Sänger nähern.
10. Er sollte sein .... Klassenkameraden nicht auslachen.
11. Er hat d............... Autounfall überlebt.
12. Das Mädchen soll sich .... das Baby kümmern.
13. Wir denken gern .... die nächsten Ferien.

SCHWER

2 Traduisez les phrases suivantes.

1. Elle remercia la secrétaire. ....
2. Je l'ai rencontré par hasard au marché. ....
3. Elle souffre d'asthme (Asthma). ....
4. Comment me débarrasser de cette toux ? ....
5. N'oublie pas d'appeler ta mère. ....
6. Je suis flatté. ....
7. Ne renonce pas à tes rêves ! ....
8. Ces jeunes gens veulent apporter leur contribution à la protection de la nature. ....
9. Beaucoup de personnes aspirent à la sécurité. ....
10. Écoute-moi ! ....
11. Ils nous avertissent du danger. ....
12. Vous devriez y prendre garde. ....
13. Je me réjouis de ton succès. ....

* L'âge ne protège pas de la folie.

47 Les verbes forts (I)

Cours

Infinitif (traduction)	Présent	Prétérit	Parfait
befehlen (ordonner)	er befiehlt	befahl	hat befohlen
beginnen (commencer)	er beginnt	begann	hat begonnen
beißen (mordre)	er beißt	biss	hat gebissen
bieten (offrir)	er bietet	bot	hat geboten
binden (lier)	er bindet	band	hat gebunden
bitten (prier de...)	er bittet	bat	hat gebeten
blasen (souffler)	er bläst	blies	hat geblasen
bleiben (rester)	er bleibt	blieb	ist geblieben
braten (rôtir)	er brät	briet	hat gebraten
brechen (briser)	er bricht	brach	hat gebrochen
empfehlen (recommander)	er empfiehlt	empfahl	hat empfohlen
erschrecken (s'effrayer)	er erschrickt	erschrak	ist erschrocken
essen (manger)	er isst	aß	hat gegessen
fahren (aller)	er fährt	fuhr	ist gefahren
fallen (tomber)	er fällt	fiel	ist gefallen
fangen (attraper)	er fängt	fing	hat gefangen
finden (trouver)	er findet	fand	hat gefunden
fliegen (voler)	er fliegt	flog	ist geflogen
fließen (couler)	er fließt	floss	ist geflossen
geben (donner)	er gibt	gab	hat gegeben
gehen (aller)	er geht	ging	ist gegangen
geschehen (se produire)	es geschieht	geschah	ist geschehen
gewinnen (gagner)	er gewinnt	gewann	hat gewonnen
gleichen (ressembler)	er gleicht	glich	hat geglichen
greifen (saisir)	er greift	griff	hat gegriffen
halten (tenir)	er hält	hielt	hat gehalten
hängen (être accroché)	er hängt	hing	hat gehangen
heißen (s'appeler)	er heißt	hieß	hat geheißen
helfen (aider)	er hilft	half	hat geholfen
kommen (venir)	er kommt	kam	ist gekommen

Exercices

LEICHT

Complétez chaque phrase par la forme verbale qui convient.

1. Was hat uns der Chef ....?
   a. **befehlt** b. **befohlen**
2. Dieser Hund hat das Kind ....
   a. **gebissen** b. **gebeisst**
3. Er hat mich um Geld ....
   a. **geboten** b. **gebeten**
4. Sie ist in der Altstadt ....
   a. **geblieben** b. **gebleibt**
5. Was hast du uns ....?
   a. **gebringt** b. **gebracht**
6. Vati, hast du an uns ....?
   a. **gedenkt** b. **gedacht**
7. Was habt ihr Gutes ....?
   a. **gegesst** b. **gegessen**
8. Wir sind auf der Autobahn sehr schnell ....
   a. **gefährt** b. **gefahren**
9. Wo hat er dieses Spiel ....?
   a. **gefunden** b. **gefinden**
10. Er hat mir das Buch nicht ....
    a. **gegaben** b. **gegeben**
11. Wohin bist du gestern ....?
    a. **gegangen** b. **gegeht**
12. Ich habe den ersten Preis ....
    a. **gewinnt** b. **gewonnen**
13. Der Wagen hat vor der Tür..
    a. **gehalten** b. **gehielten**
14. Er hat uns gern ....
    a. **gehelft** b. **geholfen**
15. Wann ist er ....?
    a. **gekommen** b. **gekamen**

* L'aigle n'attrape pas des moucherons.

48 Les verbes forts (II)

Cours

Infinitif (traduction)	Présent	Prétérit	Parfait
laden (charger)	er lädt	lud	hat geladen
lassen (laisser)	er lässt	ließ	hat gelassen
laufen (courir)	er läuft	lief	ist gelaufen
lesen (lire)	er liest	las	hat gelesen
liegen (être couché)	er liegt	lag	hat gelegen
lügen (mentir)	er lügt	log	hat gelogen
messen (mesurer)	er misst	maß	hat gemessen
nehmen (prendre)	er nimmt	nahm	hat genommen
pfeifen (siffler)	er pfeift	pfiff	hat gepfiffen
preisen (célébrer qqn)	er preist	pries	hat gepriesen
raten (conseiller)	er rät	riet	hat geraten
reiten (faire du cheval)	er reitet	ritt	ist geritten
riechen (sentir)	er riecht	roch	hat gerochen
ringen (lutter)	er ringt	rang	hat gerungen
rinnen (s'écouler)	er rinnt	rann	ist geronnen
rufen (appeler)	er ruft	rief	hat gerufen
schaffen (créer)	er schafft	schuf	hat geschaffen
scheiden (séparer)	er scheidet	schied	hat geschieden
scheinen (briller, sembler)	er scheint	schien	hat geschienen
schieben (pousser)	er schiebt	schob	hat geschoben
schießen (tirer)	er schießt	schoss	hat geschossen
schlafen (dormir)	er schläft	schlief	hat geschlafen
schlagen (battre)	er schlägt	schlug	hat geschlagen
schließen (fermer)	er schließt	schloss	hat geschlossen
schneiden (couper)	er schneidet	schnitt	hat geschnitten
schreien (crier)	er schreit	schrie	hat geschrien
schweigen (se taire)	er schweigt	schwieg	hat geschwiegen
schwimmen (nager)	er schwimmt	schwamm	ist geschwommen
sehen (voir)	er sieht	sah	hat gesehen
singen (chanter)	er singt	sang	hat gesungen

*DER NEIDER SIEHT NUR DAS BEET, ABER DEN SPATEN SIEHT ER NICHT.

Exercices

MITTEL

1 Complétez chaque phrase à l'aide d'un verbe au prétérit de la page de gauche.

1. Vor einer Woche .... unser Freund in Berlin den Marathon.
2. Man .... viele Fans auf den Straßen.
3. Alle Fans .... fröhliche Lieder.
4. In der Nacht vor dem Marathon .... wir nicht sehr gut.
5. An diesem Sonntag .... die Sonne.
6. Wir .... alle „Hurra".
7. Die Marathonläufer .... alle sehr glücklich.
8. Nach dem Marathon .... wir alle ein gutes Mittagessen.
9. Wir .... nicht. Wir sprachen alle viel miteinander.
10. Aber nach dem Essen ....einige müde zu sein.

SCHWER

2 Trouvez les 15 formes verbales au prétérit cachées dans la grille.

l	i	e	f	a	x	z	e	r	t	y	n
q	b	s		l	a	s	x	ce	t	h	k
d	y	n	j	a	n	a	h	m	r	d	o
s	c	h	i	e	n	h	m	r	i	e	f
w	c	s	g	h	t	u	e	a	e	h	l
e	s	a	n	g	t	m	s	g	t	s	h
l	c	y	f	b	u	z	l	o	i	e	u
a	h	a	b	c	d	r	o	c	h	g	h
g	w		l	u	d	e	g	f	u	t	z
x	i	q	s	d	f	e	a	u	o	v	i
b	e	s	t	u	s	c	h	n	i	t	t
a	g	e	s	c	h	l	i	e	f	o	h

* L'envieux ne voit que le parterre, mais ne voit pas la bêche.

49 Les verbes forts (III)

Cours

Infinitif (traduction)	Présent	Prétérit	Parfait
sinken (sombrer)	er sinkt	sank	ist gesunken
sitzen (être assis)	er sitzt	saß	hat gesessen
sprechen (parler)	er spricht	sprach	hat gesprochen
springen (sauter)	er springt	sprang	ist gesprungen
stechen (piquer)	er sticht	stach	hat gestochen
stehen (être debout)	er steht	stand	hat gestanden
stehlen (voler)	er stiehlt	stahl	hat gestohlen
steigen (monter)	er steigt	stieg	ist gestiegen
sterben (mourir)	er stirbt	starb	ist gestorben
stinken (puer)	er stinkt	stank	hat gestunken
stoßen (heurter)	er stößt	stieß	hat gestoßen
tragen (porter)	er trägt	trug	hat getragen
treffen (rencontrer)	er trifft	traf	hat getroffen
treiben (pousser)	er treibt	trieb	hat getrieben
treten (marcher)	er tritt	trat	ist getreten
trinken (boire)	er trinkt	trank	hat getrunken
tun (faire)	er tut	tat	hat getan
verderben (gâcher)	er verdirbt	verdarb	hat verdorben
vergessen (oublier)	er vergisst	vergaß	hat vergessen
verbieten (interdire)	er verbietet	verbot	hat verboten
verlieren (perdre)	er verliert	verlor	hat verloren
verschwinden (disparaître)	er verschwindet	verschwand	ist verschwunden
wachsen (croître)	er wächst	wuchs	ist gewachsen
waschen (laver)	er wäscht	wusch	hat gewaschen
weichen (céder)	er weicht	wich	ist gewichen
werfen (jeter)	er wirft	warf	hat geworfen
ziehen (tirer)	er zieht	zog	hat gezogen
zwingen (contraindre)	er zwingt	zwang	hat gezwungen

*WER INS FEUER BLÄST, DEM STIEßEN DIE FUNKEN IN DIE AUGEN.

Exercices

LEICHT

1 Reliez ces verbes en fonction de leur similitude pour leur prétérit et de leur parfait.

1. fallen •	• tragen
2. fahren •	• scheinen
3. geben •	• lassen
4. nehmen •	• trinken
5. bleiben •	• essen
6. singen •	• verlieren
7. verbieten •	• treffen

MITTEL

2 Retrouvez les synonymes et les contraires dans la page de gauche.

1. Nein sagen oder: ....
2. rennen oder: ....
3. machen oder: ....
4. Laut rufen oder: ....
5. das Gegenteil von sitzen: ....
6. das Gegenteil von sprechen: ....
7. das Gegenteil von liegen: ....
8. das Gegenteil von gewinnen: ....
9. das Gegenteil von wach bleiben: ....

SCHWER

3 Traduisez les phrases suivantes.

1. Er hat mir das Fahrrad gestohlen. ....
2. Wo saßen die Gäste in diesem großen Saal? ....

....

3. Im Mittelalter starben viele Leute an der Pest. ....

....

* Celui qui souffle sur le feu, reçoit les étincelles dans les yeux.

50 Les faux amis

Cours

On appelle faux amis « *Scheinentsprechungen* » des mots allemands qui ressemblent à des mots français mais qui ont un sens différent. En voici quelques uns, les plus courants :

annoncieren → insérer une annonce	annoncer → *ankündigen*
avancieren → être promu	avancer → *vorankommen*
das Baiser → la meringue	le baiser → *der Kuss*
blamieren → ridiculiser	blâmer → *tadeln*
die Bluse → le chemisier, corsage	la blouse → *der Kittel*
der Christ → le chrétien	le Christ → *Christus*
Kavalier sein → être galant	être cavalier → *rücksichtslos sein*
das Klavier → le piano	le clavier → *die Tastatur*
der Kompass → la boussole	le compas → *der Zirkel*
der Dirigent → le chef d'orchestre	le dirigeant → *der Leiter*
die Dissertation → la thèse de doctorat	la dissertation → *der Aufsatz*
der Dom → la cathédrale	le dôme → *die Kuppel*
der Etat → le budget	l'État, l'état → *der Staat, der Zustand*
das Feuilleton → la rubrique littéraire	le feuilleton TV → *die Fernsehserie*
die Figur → le personnage	la figure → *das Gesicht*
das Lokal → le café, le bar	le local → *der Raum*
das Malheur → une mauvaise nouvelle	le malheur → *das Unglück*
modisch → à la mode	modique (prix) → *niedrig*
Die Novelle → la nouvelle littéraire	la nouvelle → *die Nachricht*
ordinär → vulgaire	ordinaire → *gewöhnlich*
Die Patrone → la cartouche	la patronne → *die Chefin*
penibel → minutieux	pénible → *anstrengend*
recherchieren → faire des recherches	rechercher → *suchen nach* + dat.
sortieren → trier	sortir → *ausgehen*
der Spediteur → le transporteur	l'expéditeur → *der Absender*
das Toupet → le postiche	le toupet → *die Frechheit*
der Tresor → le coffre-fort	le trésor → *der Schatz*
die Weste → le gilet	la veste → *die Jacke*

Exercices

LEICHT

1 Complétez les phrases avec un des mots de la page de gauche.

1. Das ist wirklich dumm von ihm: er hat sich ....
2. Welchen Kuchen willst du kaufen? Ein ....
3. Diese Klamotten sind nicht mehr ....
4. Bei Wanderungen braucht man einen ....
5. Mein Kugelschreiber braucht eine neue ....
6. Du sollst mit den Damen .... sein.
7. In welchem .... treffen wir uns am Nachmittag?
8. Kannst du diese Sonaten am .... spielen?
9. Herbert von Karajan war ein berühmter ....
10. Nach seinem Master 2 will der Student jetzt eine .... schreiben.

MITTEL

2 Trouvez les dix faux amis.

1.
2.
3.
4.
5.
6.
7.
8.
9.
10.

1. Eine kleine literarische Erzählung
2. Eine schlechte Nachricht
3. Ein Ort, wo man sich treffen kann.
4. Eine große Kirche
5. Was wir jede Woche in der Zeitung finden.
6. Ein fester Schrank für Geld
7. Eine Summe Geld für den Haushalt
8. Sehr genau
9. Eine höhere Stellung bekommen
10. Nach Farbe, größe oder Form ordnen.

Corrigés

① LES ARTICLES ET LE GENRE DES NOMS

1. Trouvez l'article défini, puis l'article indéfini des noms suivants :

1. **der, ein** Doktor
2. **die, eine** Fabrik
3. **das, ein** Instrument
4. **die, eine** Quantität
5. **das, ein** Publikum
6. **die, eine** Herrlichkeit
7. **der, ein/die** (pl.) Schüler
8. **die, eine** Freiheit
9. **das, ein** Bächlein
10. **die, eine** Arbeit

2. a., b. ou c. ? Choisissez le bon article défini pour chacun de ces mots.

1. **a.** der Weg
2. **c.** das Auto
3. **b.** das Hemd
4. **b.** das Jahr
5. **a.** das Mädchen
6. **c.** der Stuhl
7. **a.** der Schnee
8. **b.** die Sonne
9. **c.** der Mond
10. **a.** das Lied

3. Traduisez en allemand.

1. die Sonne und der Mond
2. ein Mädchen und ein Lied
3. ein Tisch und ein Stuhl
4. die Schule und die Arbeit
5. die Fabrik und das Auto

② LE PLURIEL DES NOMS

1. ***Richtig oder falsch?*** **Vrai ou faux ?**

	richtig	**falsch**
1. Les masculins dits faibles font leur pluriel en « en ».	☒	☐
2. Le pluriel de « *die Tante* », la tante, est « *die Tanten* ».	☒	☐
3. Le pluriel de *das Kind*, l'enfant, est *die Kinden*.	☐	☒
Le pluriel de *das Kind* est *die Kinder*.		
4. Le nom *Kino*, le cinéma, n'a pas de pluriel.	☐	☒
Le pluriel de *Kino* est *die Kinos*.		
5. Un nom masculin en *-er*, comme *der Lehrer*, le professeur, est invariable au pluriel.	☒	☐
6. Le pluriel de « *das Märchen* », le conte, est « *die Märchen* ».	☒	☐
7. « *Die Esel* » est le pluriel de « *der Esel* », l'âne.	☒	☐

2. Précisez le pluriel des animaux suivants.

1. der Tiger: die Tiger
2. der Elefant: die Elefanten
3. der Hund: die Hunde
4. die Katze: die Katzen
5. die Maus: die Mäuse
6. das Krokodil: die Krokodile
7. das Huhn: die Hühner
8. das Pferd: die Pferde
9. der Igel: die Igel

3. Donnez le singulier avec l'article défini et l'article indéfini des noms suivants.

1. die Mädchen: das, ein Mädchen
2. die Freundinnen: die, eine Freundin
3. die Hefte: das, ein Heft
4. die Nächte: die, eine Nacht
5. die Lehrer: der, ein Lehrer
6. die Soldaten: der, ein Soldat
7. die Häuser: das, ein Haus

③ LE NOMINATIF ET L'ACCUSATIF

1. Donnez la forme au nominatif des articles suivants à l'accusatif.

1. einen Mann → ein Mann
2. eine Frau → eine Frau
3. ein Kind → ein Kind
4. Bonbons → ein Bonbon

5. die Zigarette → die Zigarette
6. das Buch → das Buch
7. den Vater → der Vater
8. die Karten → die Karte

2. Soulignez les groupes nominaux à l'accusatif dans les phrases suivantes.

1. Der Lehrer zeigt <u>ein Buch</u>.
2. Das Kind bekommt <u>einen Kuchen</u>.
3. Ich kenne <u>die Stadt</u> nicht.
4. Ich will <u>eine Freundin</u> besuchen.
5. Hast du <u>Bonbons</u> zu Hause?
6. Kannst du mir <u>ein Glas Cola</u> geben?
7. Zeige mir <u>deine Arbeit</u>.
8. Ich will <u>ein Poster</u> kaufen.

3. Traduisez les phrases suivantes.

1. Wen siehst du? Was siehst du?
2. Meine Mutter hat einen Hut und einen Mantel.
3. Ich kaufe eine Zeitung, ein Buch und einen Kugelschreiber
4. Ich höre Musik. Ich kenne das Lied.
5. Ich möchte Bananen.

4 LE DATIF

1. Soulignez les formes au datif dans ces phrases.

1. Jens bringt <u>dem Opa</u> eine Zeitung.
2. Du gibst <u>der Mutter</u> Blumen.
3. Die Großmutter singt <u>dem Baby</u> ein Lied vor.
4. <u>Wem</u> schenkst du das Buch?
5. Sie erzählen <u>den Freunden</u> eine Geschichte.
6. Was willst du <u>dem Direktor</u> erzählen?

2. Répondez aux questions à l'aide des noms indiqués.

1. Die Uniform? (der) Briefträger
→ Sie gehört dem Briefträger.
2. Die Perücke? (der) Clown
→ Sie gehört dem Clown.
3. Die Puppe? (der) Junge
→ Sie gehört dem Jungen.
4. Das Bilderbuch? (die) Kinder
→ Es gehört den Kindern.
5. Die Sporttaschen? (die) Schüler
→ Sie gehören den Schülern.

3. Construisez des phrases avec les éléments suivants.

1. er – Freundin – einen Kuchen – der – kauft.
→ Er kauft der Freundin einen Kuchen.
2. meinem – ein – ich – Medikament – Vater – bringe.
→ Ich bringe meinem Vater ein Medikament.
3. Katze – sie – der – gibt – Milch.
→ Sie gibt der Katze Milch.
4. Ober – den – Bier – Gästen – der – holt.
→ Der Ober holt den Gästen Bier.
5. die – geben – Fräulein – Gäste – dem – Trinkgeld – ein.
→ Die Gäste geben dem Fräulein ein Trinkgeld.

5 LE GÉNITIF

1. Associez les deux mots pour faire apparaître une forme au génitif.

1. das Fahrrad **des** Briefträger**s**
2. das Haus ein**es** Freund**es**
3. die Kinder **der** Nachbarn
4. das Kleid **der** Mutter
5. der Erfolg **eines** Theaterstück**s**
6. die Musik **des** Orchester**s**
7. die Comics **der** Kinder
8. das Geld **des** Millionär**s**
9. der Computer **der** Sekretärin
10 Die Uniform **des** Solda**ten**

2. Traduisez les phrases.

1. das Haus des Malers
2. der Preis eines Wagens.
3. die Adresse des Artztes
4. Jochens Geschenk
5. die Schwester meiner Eltern

6. der Koffer meines Onkels
7. das Buch meiner Freundin
8. die Uhr des Lehrers

3. Complétez les phrases suivantes.

1. Gestern haben die Schüler **des** Gymnasium**s** einen Theaterabend gegeben.
2. Der Titel **des** Theaterstück**s** war: „Das Haus **der** Vampire".
3. Die Arbeit **des** Regisseur**s** war prima.
4. Ein Reporter **der** Rheinzeitung hat Fotos gemacht.
5. Der Erfolg **des** Theaterabend**s** war sehr groß.
6. Das Publikum **des** Theater**s** war begeistert.

6 LES PRONOMS PERSONNELS

1. Soulignez les pronoms personnels à l'accusatif (singulier ou pluriel).

1. Ich rufe <u>dich</u> morgen an und du holst <u>mich</u> ab.
2. Hole die Gläser und stelle <u>sie</u> auf den Tisch!
3. Hast du <u>uns</u> zufällig getroffen?
4. Ich habe <u>euch</u> im Park gesehen.
5. Er findet <u>mich</u> nett und ich finde <u>sie</u> schön.

2. Remplacez les groupes nominaux en couleur par des pronoms personnels de la 3e personne (singulier ou pluriel).

1. **Er** sucht **sie**.
2. **Er** klingelt bei **ihr**.
3. **Er** sucht **sie**.
4. **Er** gibt **ihm** den Stadtplan.
5. **Sie** sucht **sie**.

3. Traduisez les phrases suivantes.

1. Demande-lui donc !
2. Comment la/les trouves-tu ?
3. Montre-moi le livre !
4. Gib es mir!
5. Ich habe ihm/ihr alles gesagt.

7 LES ADJECTIFS POSSESSIFS

1. a. ou b. ? Choisissez l'adjectif qui convient.

1. Johanna lernt **b. ihre** Lektion.
2. Die Kinder machen **a. ihre** Aufgaben.
3. Er wohnt in Berlin mit **a. seinen** Kindern.
4. Wo hast du **a. deinen** Fotoapparat gekauft?
5. Wir haben **b. unsere** Ferien in Deutschland verbracht.
6. Sie findet **b. ihre** Tasche nicht
7. Wie haben alle **a. unsere** Sachen.
8. Ich sehe die Nachbarn. Aber wo sind **b. ihre** Kinder?
9. Wo haben Sie **a. Ihr** Portemonnaie verloren?
10. Habt ihr **a. eure** Butterbrote mitgenommen?

2. Complétez à l'aide d'un adjectif possessif.

1. Gehört dieser Wagen deinem Freund? Ja, es ist **sein** Wagen.
2. Ist das dein Bilderbuch? Ja, es ist **mein** Bilderbuch.
3. Was sucht er? Er sucht **seinen** Fotoapparat.
4. Kinder, nehmt **eure** Bücher!
5. Frau Müller, ist dieser Apparat **Ihr** Apparat?
6. Inge, was hast du mit **deiner** Bluse gemacht?
7. Wo ist **Ihr** Computer, Herr Müller?

3. Traduisez les phrases.

1. Sabine hat ihr Handy verloren.
2. Ich habe seine Telefonnummer nicht.
3. Was ist Ihre Emailadresse, Herr Müller?
4. Ich bin nicht in meinem Büro.
5. Gib mir deine Sachen!
6. Meine Koffer sind sehr schwer.
7. Sie will ihr Videospiel.

8 LES PRONOMS INTERROGATIFS

1. ***Richtig oder falsch?*** **Vrai ou faux ?**

	richtig	falsch
1. Pour demander : « où vas-tu ? », on dit : *„wohin gehst du?"*	☒	☐
2. « *Wer* » est un pronom invariable.	☐	☒
3. Pour dire « à quelle heure viens-tu ? », on dit : *„Um wieviel Uhr kommst du?"*	☒	☐
4. Dans *„Wen hast du getroffen?"*, *Wen* est à l'accusatif (COD).	☒	☐
5. *„Was siehst du?"* se traduit en français par « Qui vois-tu ? ».	☐	☒
Cela signifie « Que vois-tu ? ».		
6. Je veux dire : quelle sorte d'animal est-ce ? dois-je dire : *Welches Tier ist das?*	☐	☒

2. Complétez par le pronom interrogatif qui convient.

1. Mit **wem** gehst du ins Kino?
2. **Wann** beginnen die Ferien?
3. **Was** machst du mit dieser Maschine?
4. **Wie** heißt dieses Wort auf Französisch?
5. **Warum** kommt Peter immer spät nach Hause?
6. **Wann** besucht uns der Onkel?
7. **Wie viel** Uhr ist es?

3. Construisez des phrases interrogatives à partir des éléments en couleur.

1. Wie ist das Wetter heute?
2. Wem kauft er einen Goldfisch?
3. Wie viele Hunde haben sie?
4. Wo ist der Unfall passiert?
5. Mit wem geht sie ins Kino?
6. Was macht ihn kaputt?
7. Woher kommt dein Freund?

9 LES NOMBRES CARDINAUX ET ORDINAUX

1. Résolvez les opérations suivantes en écrivant les résultats en lettres.

1. 10 x 100 = **tausend**
2. 3 + 18 = **einundzwanzig**
3. 60 x 6 = **dreihundert sechzig**
4. 500 – 432 = **achtundsechzig**
5. 50 ÷ 2 = **fünfundzwanzig**
6. 42 – 15 = **siebenundzwanzig**

2. Écrivez en lettres la date de ces découvertes allemandes.

1. Die Ultraviolettstrahlung: 1801 **tausend achthundert eins**
2. Erste deutsche Lokomotive: 1841 **tausend achthundert einundvierzig**
3. Mendelsche Gesetze: 1865 **tausend achthundert fünfundsechzig**
4. Dynamo von Siemens: 1867 **tausend achthundert siebenundsechzig**
5. Viertaktmotor: 1876 **tausend achthundert sechsundsiebzig**
6. Die Röntgenstrahlen: 1895 **tausend achthundert fünfundneunzig**
7. Luftschiff des Grafen Zeppelin: 1900 **tausend neunhundert**
8. Einsteins Reltivitätstheorie: 1905 **tausend neunhundert fünf**
9. Entdeckung der Blutgruppen: 1930 **tausend neunhundert dreißig**
10. Künstliche Spaltung des Atoms: 1938 **tausend neunhundert achtunddreißig**

3. Traduisez les phrases suivantes.

1. Auf dem Foto ist mein Bruder der dritte von rechts.
2. Er wurde nach dem ersten Weltkrieg geboren.
3. Das sagst du mir zum ersten Mal.
4. Das sagst du mir schon zum hundertsten Mal.
5. Mein erster Wagen war ein Volkswagen.

10 DIRE L'HEURE

1. Classez ces heures de la matinée dans l'ordre chronologique.

1. Es ist zwanzig nach acht. ③
2. Es ist zehn nach sechs. ②
3. Es ist halb zwölf. ⑦
4. Es ist Viertel vor elf. ⑥
5. Es ist Viertel vor sechs. ①
6. Es ist fünf nach zehn. ⑤
7. Es ist fünf vor neun. ④

2. Reliez les deux expressions qui signifient la même heure.

1. Es ist achtzehn Uhr dreißig.
→ Es ist halb sieben.
2. Es ist sieben Uhr fünfundvierzig.
→ Es ist Viertel vor acht.
3. Es ist dreizehn Uhr fünfundzwanzig.
→ Es ist fünfundzwanzig nach eins.
4. Es ist fünfzehn Uhr vierzig.
→ Es ist zwanzig vor vier.
5. Es ist einundzwanzig Uhr zehn.
→ Es ist zehn nach neun.
6. Es ist drei Uhr fünf.
→ Es ist fünf nach drei.

3. Exprimez l'heure de deux façons différentes.

11 h 10	Es ist elf Uhr zehn. Es ist zehn nach elf.
17 h 30	Es ist siebzehn Uhr dreißig. Es ist halb sechs.
22 h 50	Es ist zweiundzwanzig Uhr fünfzig. Es ist zehn vor elf.
14 h 35	Es ist vierzehn Uhr fünfunddreißig. Es ist fünfundzwanzig vor drei.
19 h 15	Es ist neunzehn Uhr fünfzehn. Es ist Viertel nach sieben.

11 L'ADJECTIF AVEC L'ARTICLE DÉFINI

1. Complétez la terminaison de l'adjectif.

1. dieser schön**e** Park
2. die klein**en** Boutiquen
3. die lustig**e** Rolle der bös**en** Hexe
4. mit dem schwarz**en** Auto
5. die groß**e** Villa
6. mit den gelb**en** Taxis
7. welches wild**e** Kind?
8. die romantisch**en** Bungalows in der afrikanisch**en** Savanne
9. die bekannt**e** Moderatorin

2. Choisissez la bonne terminaison.

1. Ich danke dir für die **a. schönen** Blumen.
2. Hast du das **a. alte** Fotoalbum verloren?
3. Dieser Architekt hat in diesem Stadtviertel alle **b. alten** Häuser renoviert.
4. Hast du keine **b. anderen** Buntstifte?
5. Ein Nein zur **a. rechten** Zeit erspart viel Widerwärtigkeit.

3. Traduisez les phrases suivantes.

1. Er geht mit seinen jungen Kindern ins Kino.
2. Siehst du diesen schwarzen Hund?
3. Welche neue Hose kaufst du?
4. Die grüne Pflanze kostet zehn Euro.
5. In München habe ich die besten weißen Würste gegessen.
6. Ich fahre mit diesem neuen Wagen nach Berlin.

12 L'ADJECTIF AVEC L'ARTICLE INDÉFINI

1. Complétez la terminaison de l'adjectif.

1. sein groß**es** Haus in einem klein**en** Dorf
2. deine best**e** Freundin
3. ein ander**es** Wörterbuch
4. unser schwarz**er** Hund mit einem rot**en** Halsband
5. keine gut**e** Note
6. seine warm**e** Jacke
7. ein gefährlich**es** Spiel
8. die Rolle eines grausam**en** Gangsters

2. a. ou b. ? Choisissez la terminaison de l'adjectif qui convient.

1. Diese Kinder kommen aus einer **b. bekannten** Familie.
2. Wohin willst du mit meinem **b. alten** Fahrrad?
3. Mein **b. neuer** Computer ist schon kaputt.
4. Unsere Freunde kommen aus einer **a. anderen** Stadt.
5. Einem **b. geschenkten** Gaul sieht man nicht ins Maul.

3. Traduisez les phrases suivantes.

1. Was kostet ein neuer Volkswagen?
2. Ich warte seit einer halben Stunde auf dich.
3. Wann hast du deinen nächsten Termin beim Zahnarzt?
4. Zieh einen warmen Mantel an!
5. Vergiss deinen neuen Regenschirm nicht!

13 L'ADJECTIF UTILISÉ SANS ARTICLE

1. Was kann ich dir wünschen? Complétez par la terminaison qui convient.

Ich wünsche dir...
1. gut**en** Morgen!
2. gut**en** Tag!
3. gut**e** Reise!
4. süß**e** Träume!
5. gut**e** Nacht!
6. schön**e** Ferien!
7. gut**en** Abend!
8. gut**en** Appetit!
9. süß**en** Wein
10. gut**e** Freunde!

2. a. *oder* b.? Choisissez la terminaison qui convient.

1. **a. saftige** Birnen
2. **a. dürres** Holz → du bois mort
3. **b. große** Dummheiten
4. wir warten schon **b. volle** zwanzig Minuten.
5. aus **a. guten** Gründen
6. **a. kandierte** Früchte → des fruits confits
7. ohne **b. ersichtlichen** Grund → sans raison apparente

3. Complétez ces expressions populaires et reliez-les à la bonne traduction.

1. Es ist alt**er** Schnee. → C'est une vieille histoire.
2. Er läuft mit qualmend**en** Socken. → Il déguerpit sans demander son reste.
3. Alt**e** Liebe rostet nicht. → On en revient toujours à ses premières amours.
4. Er schläft mit offen**en** Augen. → Il est dans les nuages.

14 LES PRÉPOSITIONS SUIVIES DE L'ACCUSATIF

1. Complétez à l'aide de prépositions suivies de l'accusatif.

1. Ich danke dir **für** dein Geschenk.
2. Viele Sportler laufen heute in bunter Sportkleidung **durch** die Natur.
3. Warte **bis** nächste Woche.
4. Dieser Journalist verfasst viele Texte **für** die Zeitung.
5. Sie müssen noch drei Kilometer **durch** den Wald.
6. Auge **um** Auge, Zahn **um** Zahn.

2. Complétez les phrases suivantes.

1. **Für** ein**en** Maler ist die Kunst eine Möglichkeit zu leben.
2. Wir sind **ohne** weiter**e** Informationen.
3. Die Lanze drang ihm **durch das** Herz.
4. Kannst du die Tür **ohne den** Schlüssel öffnen?
5. Er interessiert sich nur **für seine** Karriere.
6. Er protestiert **gegen den** Preis dieser Hose.

3. Traduisez les phrases suivantes.

1. Er ist allein ohne mich ins Kino gegangen!
2. Dieses Kind muss für eine Woche ins Krankenhaus.
3. Er lebt nur für seine Kunst.
4. Er schwamm durch den Rhein.
5. Der Junge wirft Steine gegen das Fenster.
6. Wir gehen den Graben entlang.

15 LES PRÉPOSITIONS SUIVIES DU DATIF

1. Choisissez la préposition qui convient.

1. Sie arbeitet **seit** dem ersten September **bei** uns.
2. Du gehst **zu** deinem Bruder. Du warst doch erst gestern **bei** ihm.
3. Ich bin **zu** Fuß **nach** Hause gelaufen.
4. Ist er Amerikaner? Nein, er kommt **aus** Australien.
5. Dieser Tisch ist nicht **aus** Holz.
6. Geh bitte schnell **nach** oben, ich habe mein Buch vergessen.

2. Complétez avec la préposition qui convient.

1. Wann bist du **mit** dies**er** Arbeit fertig?
2. Sie hatte genug **von der** großen Stadt.
3. Ich kenne sie **seit** ein**em** halben Jahr.
4. Er hat Zahnschmerzen. Er kommt **vom** Zahnarzt.
5. Was machst du **nach dem** Essen?
6. Diese Straßenbahn fährt **zum** Zoo.

3. Traduisez les phrases suivantes.

1. Ist dieses Kleid aus Seide?
2. Nimm den Mantel aus dem Schrank bitte!
3. Gehst du mit dem Hund raus?
4. Angela Merkel ist schon seit 12 Jahren im Amt.
5. Annabelle Selldorf zählt zu den renommiertesten Architektinnen weltweit.
6. Wir gehen mit den Kindern in den Zoo.

16 LES PRÉPOSITIONS MIXTES

1. Complétez avec la préposition qui convient.

1. Ich fliege morgen **in die** USA.
2. Wie waren deine Ferien **auf** Korsika?
3. Was machen die Kinder **im** Park?
4. Stell das Glas **auf** die Kommode!
5. Jeden Samstag geht sie **auf** den Markt.
6. Der Hund legt sich **unter** den Tisch.
7. Warum gehst du **auf** die Bank?

2. Complétez les phrases suivantes.

1. Die Katze schläft **auf dem** Teppich.
2. Häng bitte dieses Foto **an die** Wand.
3. Ich stelle die Flasche **auf den** Tisch.
4. Der Wagen steht **in der** Garage.
5. Das Baby schläft **in der** Wiege.
6. Setzt euch **auf das** Sofa und bleibt still!

3. Reliez la phrase allemande à sa traduction en français.

1. Das Wort liegt mir auf der Zunge.
→ J'ai le mot sur le bout de la langue.
2. Hinter den Bergen wohnen auch Leute.
→ Nul n'est irremplaçable.
3. Das liegt auf der Hand.
→ C'est évident.
4. Mal nur nicht den Teufel an die Wand!
→ Ne parle pas de malheur !
5. Er nimmt kein Blatt vor den Mund.
→ Il ne mâche pas ses mots.
6. Da beißt sich die Katze in den Schwanz.
→ C'est un cercle vicieux.

17 LE DIRECTIONNEL ET LE LOCATIF

1. Répondez à la question : *Wo gehst du denn hin?*

1. **ins** Theater?
2. **nach** Hause?
3. **nach** Berlin?
4. **in die** Schweiz?

5. **in die** Küche?
6. **zu** dein**er** Freundin?
7. **zu** dein**en** Großeltern?
8. **in den** Garten?
9. **in die** Disco?

2. Traduisez les phrases suivantes.

1. Meine Schwester arbeitet bei Siemens.
2. Er wartete auf mich an der Tür.
3. Gestern ist sie vor dem Fernseher eingeschlafen.
4. Ich bin allein ins Kino gegangen.
5. Er ist in den Irak geflogen.
6. Er wohnt bei seinen Eltern.
7. In welchem Theater wird das gespielt?

3. Complétez les phrases suivantes : *Wer arbeitet wo?*

1. Der Fluglotse arbeitet **im** Kontrollturm **auf dem** Flughafen.
2. Der Chemiker arbeitet **in** sein**em** Labor.
3. Das Model posiert bei Modeaufnahmen **vor den** Fotografen.
4. Die Stewardess empfängt die Passagiere **im** Flugzeug.
5. Die Krankenschwester arbeitet **in** ein**em** Krankenhaus.
6. Der Zugführer sitzt **im** Lokführerhaus.
7. Der Zoologe beobachtet **im** Zoo das Leben der Tiere.

18 LE COMPARATIF

1. Classez ces adjectifs selon leur comparatif dans la bonne colonne.

Formes en ***-er***	Formes en ***¨-er***	Formes irrégulières
• spät	• nah	• viel
• traurig	• dumm	• hoch
• billig	• schwach	
• langsam		

2. Trouvez l'adjectif dont le comparatif diffère des autres.

1. arm → ärmer
2. alt → älter
3. gern → lieber
4. gut → besser
5. stark → stärker

3. Traduisez les phrases.

1. Das Leben in einem Dorf ist sicher billiger als in einer großen Stadt.
2. Diese Idee gefällt mir gar nicht. Hast du keine bessere?
3. Ich habe zwei Schwestern, eine ältere und eine jüngere.
4. Nach dem Tropensturm leben mehr als die Hälfte der Haushalte ohne Strom.
5. Es stehen immer mehr Häuser unter Wasser.
6. Er ist so ungeschickt wie töricht.

19 LE SUPERLATIF

1. Classez ces adjectifs selon leur superlatif dans la bonne colonne :
schön • klug • nah • viel • heftig • warm • hoch • schnell • groß • lang • hell • gut

Forme *der* + adj. + *-ste*	Forme *der* + adj. + *-¨ste*	Formes irrégulières
• schön	• klug	• nah
• heftig	• warm	• viel
• schnell	• groß	• gut
• hell	• hoch	
	• lang	

2. Mettez l'adjectif entre parenthèses au superlatif.

1. Der **nächste** Flug nach Luxemburg geht um 6.30 Uhr.
2. Die italienische Küche habe ich **am liebsten**.
3. Es ist im Moment das **meist gelesene** Buch.
4. Von allen Geschenken gefällt mir deines **am besten**.

3. Traduisez les phrases suivantes.

1. Die meisten Touristen wollen nur in die Sonne und ans Meer
2. Von uns allen läuft Hugo am schnellsten.
3. Du hast die reifste Pflaume gegessen.
4. Der Mount Everest ist der höchste Berg.
5. Das war der heftigste Sturm des Jahres.

20 LA PLACE DES COMPLÉMENTS

1. Formez une phrase selon le modèle suivant, puis remplacez les compléments obtenus par des pronoms.

1. Kannst du Hugo die DVD hier bringen? → Kannst du sie ihm bringen?
2. Kannst du Theo das Fotoalbum hier bringen? → Kannst du es ihm bringen?
3. Kannst du den Freundinnen diese Sachen bringen? → Kannst du sie ihnen bringen?
4. Kannst du Herrn Wagner den Brief hier bringen? → Kannst du ihn ihm bringen?
5. Kannst du Müllers diese Zeitung hier bringen? → Kannst du sie ihnen bringen?

2. Formez des phrases avec les éléments proposés.

1. Wir möchten heute Abend mit dir in die Stadt fahren.
2. Warum gehst du bei dem schlechten Wetter ohne Mantel nach draußen?
3. Ein Auto überfuhr ihn gestern auf dem Heimweg in der Schubertstraße.
4. Darf ich dich morgen bei uns zu Hause einladen?

21 LA NÉGATION

1. Choisissez entre *nicht* et *kein*.

1. Ich habe **kein** Geld. Ich bin **nicht** reich.
2. Er will **nicht** ans Meer fahren.
3. Wir haben **keine** Tiere zu Hause.
4. Mein Freund trinkt **keinen** Alkohol.
5. Meine Schwester kann **nicht** schwimmen.
6. Das ist doch **kein** Vogel!
7. Sie haben die Reportage **nicht** gesehen.
8. Berlin liegt **nicht** in Bayern.
9. Ich esse **kein** Fleisch.
10. Der Computer funktioniert **nicht**.

2. Répondez par la négative aux questions posées :

1. Nein, ich kann dir meine Gitarre nicht leihen.
2. Nein, diese Oper gefällt mir nicht.
3. Nein, ich bin nicht krank.
4. Nein, ich habe kein Fieber.
5. Nein, der Arzt ist nicht gekommen.
6. Nein, ich will heute Abend nicht ins Kino gehen
7. Nein, ich habe keine Zeit.
8. Nein, ich will kein Glas Mineralwasser.

3. Traduisez les phrases suivantes.

1. Nein, ich esse keine Schokolade.
2. Ich habe die Tür nicht zugemacht.
3. Ich will kein Hemd tragen.
4. Er hat keinen Hunger.
5. Wir schlafen nicht hier.
6. Er hat keine Zeit.

22 LES COMPLÉMENTS ET LES ADVERBES DE TEMPS

1. *Richtig oder falsch?* Mettez une croix dans la case qui convient.

	richtig	falsch
1. Er spielt am Nachmittag Musik	☒	☐
2. Wir gehen um Samstag ins Kino.	☐	☒
3. Die Natur ist im Frühling schön.	☒	☐
4. Was machst du im Sonntag?	☐	☒
5. Um Abend bin ich müde.	☐	☒
6. Wir treffen uns letzte Woche.	☐	☒
7. Jetzt gehe ich nach Hause.	☒	☐

2. Complétez les phrases suivantes.

1. Man feiert den Nikolaus **im** Dezember.
2. **Nächste** Woche feiere ich meinen Geburtstag.
3. **Letztes** Jahr war ich in Deustchland.
4. Ich stehe **am** Morgen immer früh auf.
5. Sie will heute Abend **um** 21 Uhr zu uns kommen.
6. **Im** Jahre 2017 habe ich einen Unfall gehabt.
7. Hast du Französisch **am** Montag in der Schule?

3. Traduisez les phrases suivantes.

1. Le mois dernier, je suis allé à Rome en avion.
2. Appelle-moi le soir, s'il te plaît !
3. Quand veux-tu nous rendre visite ? Vendredi de la semaine prochaine.
4. En août, je joue du piano l'après-midi.
5. Quand veux-tu aller au concert ? Bientôt dimanche à 17 heures.

23 LA PLACE DU VERBE

1. Construisez des phrases affirmatives avec les éléments suivants :

1. Er verbringt drei Wochen in Italien.
2. Jeden Tag essen wir Spaghetti.
3. Du schreibst Postkarten.
4. Ich brauche dringend Geld.
5. Wir gehen oft zur Bank.
6. Ich mache immer viele Fotos.
7. Ihr besichtigt jeden Tag ein Museum.
8. Mein Vater fährt immer langsam.

2. Transformez les phrases affirmatives obtenues ci-dessus en phrases interrogatives.

1. Verbringt er drei Wochen in Italien?
2. Esst ihr jeden Tag Spaghetti?
3. Schreibst du Postkarten?
4. Braucht ihr dringend Geld?
5. Geht ihr oft zur Bank?
6. Machst du immer viele Fotos?
7. Besichtigt ihr jeden Tag ein Museum?
8. Fährt dein Vater immer langsam?

3. Traduisez les phrases suivantes en français.

1. L'oncle Franz nous rend visite demain.
2. Rolf traverse toujours la rue rapidement.
3. Ne grimpe pas sur ce pommier !
4. Ingrid va à la piscine l'après-midi.
5. Est-ce que ton ami va souvent au cinéma ?
6. Pourquoi n'écris-tu pas de cartes postales ?
7. Je ne veux pas manger de mirabelles.

24 LA PLACE DU VERBE DANS LES SUBORDONNÉES

1. *Richtig oder falsch?* Vrai ou faux ?

	richtig	falsch
1. Parfois une subordonnée peut occuper la première place dans la phrase.	☒	☐
2. *Nein* est un élément qui compte comme un premier terme dans une proposition.	☐	☒
3. Il n'y a pas de virgule entre une proposition principale et une subordonnée.	☐	☒
4. Le groupe verbal est l'élément fondamental qui sert à former une subordonnée.	☐	☒
5. Un pronom relatif introduit une proposition principale.	☐	☒

2. Transformez la deuxième proposition en subordonnée.

1. Er macht schnell, weil er ins Kino gehen will.
2. Er will alles sehen, wenn er nach Berlin kommt.
3. Der Nachbar findet, dass der Hund zu laut bellt.

4. Die Kinder spielen, da die Eltern weggegangen sind.
5. Du hast kein Geld mehr, weil du zu viel gekauft hast.

3. Inventez des phrases commençant par *Ich weiß, dass...* à partir des éléments suivants.

1. *Ich weiß, dass* der französische Student gut Deutsch sprechen kann.
2. *Ich weiß, dass* die Putzfrau morgen um 8 kommen wird.
3. *Ich weiß*, dass mein Bruder noch zwei Tage im Bett bleiben muss.
4. *Ich weiß*, dass der Junge ohne seine Eltern ins Ausland gefahren ist.

25 LE PRÉSENT ET LE PRÉTÉRIT DES VERBES FAIBLES (RÉGULIERS)

1. Conjuguez les verbes suivants à la 2e personne du singulier et du pluriel.

1. hören → du hörst → ihr hört
2. kommen → du kommst → ihr kommt
3. arbeiten → du arbeitest → ihr arbeitet
4. tanzen → du tanzt → ihr tanzt
5. telefonieren → du telefonierst → ihr telefoniert
6. zeichnen → du zeichnest → ihr zeichnet
7. machen → du machst → ihr macht

2. Mettez les phrases suivantes au préterit.

1. Die Kinder spielten auf dem Spielplatz.
2. Was sagtest du uns?
3. Das machte mir keinen Spaß.
4. Er antwortete dem Vater nicht.
5. Ihr lerntet alle Deutsch.
6. Was kauften Sie, Herr Meier?
7. Warum stelltet ihr keine Fragen?
8. Ich erinnerte mich nicht.

3. Traduisez les phrases suivantes.

1. Matthias arbeitet und (er) lernt seine Lektion.
2. Er hört seine Schwester nicht.
3. Sie zeichnet auf ihrem Heft.
4. Sie braucht ein Buch.
5. Das Buch erzählt die Geschichte eines Zwerges.

26 LE PRÉSENT ET LE PRÉTÉRIT DES VERBES FORTS

1. Dites si ces verbes sont faibles ou forts. Cochez la case qui convient.

	verbe faible	verbe fort
1. arbeiten	☒	☐
2. gehen	☐	☒
3. spielen	☒	☐
4. kommen	☐	☒
5. fahren	☐	☒
6. singen	☐	☒
7. zeichnen	☒	☐
8. machen	☒	☐
9. tanzen	☒	☐
10. sehen	☐	☒
11. nehmen	☐	☒
12. tragen	☐	☒
13. lesen	☐	☒
14. trinken	☐	☒
15. telefonieren	☒	☐
16. schlafen	☐	☒

2. Donnez l'infinitif des formes verbales suivantes.

1. wartete: warten
2. amüsierte: amüsieren
3. fiel: fallen
4. verstand: verstehen
5. nahm: nehmen
6. kam: kommen
7. transportierte: transportieren
8. schrieb: schreiben
9. setzte: setzen
10. blieb: bleiben
11. erzählte: erzählen
12. begann: beginnen
13. verstand: verstehen
14. kaufte: kaufen

15. lief: laufen
16. trug: tragen

3. Écrivez au prétérit les verbes.

1. du gehst: du gingst
2. ihr kommt: ihr kamt
3. sie spielt: sie spielte
4. ihr träumt: ihr träumtet
5. sie spricht: sie sprach
6. du wünschst: du wünschtest
7. er schläft: er schlief
8. wir essen: wir aßen
9. ihr lernt: ihr lerntet
10. du nimmst: du nahmst
11. ich gebe: ich gab
12. du fällst: du fielst

27 LES PRÉVERBES

1. *Richtig* oder *falsch*? Cochez la réponse correcte.

	richtig	falsch
1. Un préverbe séparable est accentué.	☒	☐
2. Un préverbe séparable se placera en fin de phrase.	☒	☐
3. Un préverbe inaccentué est inséparable du verbe.	☒	☐
4. La place habituelle dans la phrase d'un verbe conjugué est la 2e place.	☒	☐
5. Conjugué à l'impératif, le verbe est également en 2e place dans la phrase.	☐	☒
6. La forme *zugemacht* pour dire « fermé » est juste.	☒	☐
7. Peut-on dire « *Ich habe geverstanden* » ?	☐	☒
8. Le « *zu* » de l'infinitif se place entre le préverbe séparable et le verbe.	☒	☐
9. « *Arbeiten* » est un verbe avec un préverbe.	☐	☒
10. Dans le verbe « *vorlesen* », le préverbe « *vor* » est accentué.	☒	☐

2. Dans la liste suivante, classez les verbes selon leur préfixe accentué ou inaccentué et donnez leur participe passé.

→ participe passé	accentué	inaccentué
1. beginnen → begonnen	☐	☒
2. verlieren → verloren	☐	☒
3. einladen → eingeladen	☒	☐
4. vorbereiten → vorbereitet	☒	☐
5. erzählen → erzählt	☐	☒
6. ausgehen → ausgegangen	☒	☐
7. empfangen → empfangen	☐	☒
8. zurückkommen → zurückgekommen	☒	☐
9. entdecken → entdeckt	☐	☒
10. eintreten → eingetreten	☒	☐

28 LES PARFAIT ET PLUS-QUE-PARFAIT

1. Conjuguez le verbe entre parenthèses.

1. Bis wie viel Uhr **hast** du gestern **gearbeitet**?
2. Wie lange **hat** der Film gedauert?
3. **Habt** ihr eure Koffer **gepackt**?
4. Wer **hat** denn hier einen Baum **gepflanzt**?
5. **Hat** es gestern bei Ihnen **geregnet**?
6. Wann **hast** du ihm das Paket geschickt?
7. Bis wann **haben** Sie das Haus **gemietet**?

2. Complétez les phrases suivantes. Attention à la présence ou l'absence de *ge* au parfait.

1. Warum **hast** du die Tür nicht **zugemacht**?
2. Er **hat** schon alles **eingekauft**?
3. Wann **hat** Beethoven die Neunte Symphonie **komponiert**?

4. Wir **haben** die Freunde am Bahnhof **abgeholt**.
5. Das **habe** ich ihm nicht **erlaubt**.
6. **Hat** er sich **entschuldigt**?
7. Wo **ist** der Unfall **passiert**?
8. Heute morgen **bin** ich um sieben **aufgewacht**.

3. Récit du *Petit Poucet* : mettez les verbes au plus-que-parfait.

Ein Mann **hatte** drei Söhne **gehabt**. Eines Tages **war** der älteste in den Wald **gegangen**, um Holz zu hauen. Seine Mutter **hatte** ihm einen Kuchen **mitgegeben**. Als er in den Wald **gekommen war**, **hatte** er einen alten grauen Mann **gesehen**. Dieser Mann **hatte gesagt**: „Gib mir von deinem Kuchen". Der kluge Sohn **hatte geantwortet**: „Nein, sonst habe ich nichts mehr für mich". Dann **war** der junge Sohn **fortgegangen**.

29 *HABEN, SEIN, WERDEN*

1. Complétez les phrases suivantes.

1. Mit wem **bist** du nach Berlin geflogen?
2. **Hat** es dort viel geregnet?
3. **Hast** du genug Zeit gehabt, um ins Museum zu gehen?
4. Wie lange **wirst** du dort bleiben?
5. **Bist** du abends in die Oper gegangen?
6. Mode **ist** auch ein wichtiger Teil der Kultur, das muss in Berlin begriffen **werden**.

2. Complétez les phrases suivantes. Egon Schiele (1890-1918)

1. Anfang des 20. Jahrhunderts **ist** Egon Schiel einer der meist diskutierten Künstler seiner Zeit.
2. Er **hat** an der Wiener Akademie studiert.
3. Er **wird** stark von Klimt beeinflusst.
4. 1911 **ist** er dem Model Wally begegnet und **ist** mit ihr nach Krumau gezogen.
5. 1913 **wird** Schiele in den „Bund Österreichischer Künstler" aufgenommen.
6. 1918 **ist** er an der Spanischen Grippe gestorben.
7. Egon Schiele **hat** ein kurzes, exzentrisches Leben geführt.

3. Traduisez les phrases suivantes.

1. Sie ist in die Stadt gefahren und hat eine neue Jacke gekauft.
2. Ich bin zu spät am Bahnhof angekommen, der Zug war gerade abgefahren.
3. Wann wird der nächste Zug kommen?
4. Ich bin lieber nach Hause zurückgekehrt, habe mich umgezogen, habe eine Tasse Tee getrunken und bin ins Bett gegangen.

30 LES VERBES DE MODALITÉ

1. Complétez les phrases suivantes.

1. Hier **darf** nicht geraucht werden.
2. Ich bin nicht sportlich, ich **kann** nicht Ski fahren.
3. Du bist krank, du **musst** zum Arzt.
4. **Soll** ich Ihnen helfen?
5. Was **möchtest** du essen? Fleisch oder Fisch?
6. Er hat es satt, er **will** nach Hause.
7. **Kannst** du Dänisch?
8. **Mögt** ihr Rap?
9. Hier **kannst** du Geld wechseln.
10. Wann **wollt** ihr diesen Film sehen?
11. Hier **kann** man tanken.
12. Suppe **mag** er nicht.
13. Gleich fährt der Zug ab, wir **müssen** schnell einsteigen.
14. Seine Noten sind schlecht, er **soll** mehr für den Unterricht arbeiten; sonst **muss** er sitzen bleiben.

2. Traduisez les phrases suivantes.

1. Ich muss jetzt ins Bett, ich brauche Schlaf.
2. Ich muss den Wecker stellen, sonst verpasse ich den Zug.

3. Er hat nichts zu wollen!
4. Kann ich meinen Koffer im Wagen lassen?
5. Ich muss mir die Haare schneiden lassen, sie sind zu lang.
6. Dürfen die Kinder immer machen, was sie wollen?
7. Können sie Deutsch?

31 LES VERBES DE POSITION ET DE MOUVEMENT

1. Trouvez le verbe de position ou de mouvement qui convient.

1. Ich **stelle** die Flasche Milch auf den Küchentisch.
2. Eine Spinne **hängt** oben an der Decke.
3. Dein Fahrrad **steht** in der Garage.
4. Er **hängt** das Boot an den Wagen.
5. Der Zigarettenrauch **hängt** noch im Zimmer.
6. Sie **hängt** deine Jacke auf einen Bügel (un cintre).
7. Im Kino **sitze** ich immer in der letzten Reihe.
8. Die Urlauber **liegen** auf dem warmen Sand.
9. Sie **hängt** stundenlang am Telefon.
10. Dein Mantel **hängt** im Schrank.
11. Der Briefträger **stellt** das Paket ins Büro.
12. Die Zeitung **liegt** auf dem Sofa.
13. Sie **setzt** das Baby auf den Kinderstuhl.

2. Mettez les phrases précédentes au prétérit et au parfait.

1. Ich stellte die Flasche Milch auf den Küchentisch.
→ Ich habe die Flasche Milch auf den Küchentisch gestellt.
2. Eine Spinne hing oben an der Decke.
→ Eine Spinne hat oben an der Decke gehangen.
3. Dein Fahrrad stand in der Garage.
→ Dein Fahrrad hat in der Garage gestanden.
4. Er hängte das Boot an den Wagen.
→ Er hat das Boot an den Wagen gehängt.
5. Der Zigarettenrauch hing noch im Zimmer.
→ Der Zigarettenrauch hat noch im Zimmer gehangen.
6. Sie hängte deine Jacke auf einen Bügel.
→ Sie hat deine Jacke auf einen Bügel gehängt.
7. Im Kino saß ich immer in der letzten Reihe.
→ Im Kino habe ich immer in der letzten Reihe gesessen.
8. Die Urlauber lagen auf dem warmen Sand.
→ Die Urlauber haben auf dem warmen Sand gelegen.
9. Sie hing stundenlang am Telefon.
→ Sie hat stundenlang am Telefon gehangen.
10. Dein Mantel hing im Schrank.
→ Dein Mantel hat im Schrank gehangen.
11. Der Briefträger stellte das Paket ins Büro.
→ Der Briefträger hat das Paket ins Büro gestellt.
12. Die Zeitung lag auf dem Sofa.
→ Die Zeitung hat auf dem Sofa gelegen.
13. Sie setzte das Baby auf den Kinderstuhl.
→ Sie hat das Baby auf den Kinderstuhl gesetzt.

3. Trouvez les équivalents français de ces expressions allemandes.

1. *Ihm steht das Wasser bis zum Hals.*
→ Il est en grande difficulté.
2. *Im Wein liegt die Wahrheit.*
→ In vino veritas.
3. *Da sitzt der Wurm drin.*
→ C'est un sac de nœuds.
4. *Er sitzt bei Wasser und Brot.*
→ Il est en prison.
5. *Da liegt also der Hase im Pfeffer.*
→ Voilà donc le nœud de l'affaire.

32 LES VERBES FAIBLES IRRÉGULIERS

1. Choisissez le verbe à employer.

1. Alle **kennen** ihn als großen Maler.
2. Sie will alles wissen: sie **brennt** vor Neugierde.

3. Ich **denke** bei mir, dass sie Recht hat.
4. Er **bringt** das Auto in die Garage.
5. Sie heißt Ursula, aber ihre Freunde **nennen** sie Ulla.
6. Er **rennt** zu Ämtern.

2. Mettez les phrases précédentes au prétérit.

1. Alle **kannten** ihn als großen Maler.
2. Sie wollte alles wissen: Sie **brannte** vor Neugierde.
3. Ich **dachte** bei mir, dass sie Recht hatte.
4. Er **brachte** das Auto in die Garage.
5. Sie heißt Ursula, aber ihre Freunde **nannten** sie Ulla.
6. Er **rannte** zu Ämtern.

3. Reliez les phrases en allemand à la bonne traduction.

1. So was kennen wir hier nicht!
→ Ce n'est pas le genre de la maison.
2. Es brennt! → Il y a le feu.
3. Er rennt um sein Leben.
→ Il court se mettre à l'abri.
4. Er bringt sie zum Weinen.
→ Il la fait pleurer.
5. Sie rennen das Kind zu Boden.
→ Ils renversent l'enfant en courant.
6. Sie bringt das Kind ins Bett.
→ Elle met l'enfant au lit.
7. Sie wenden sich zum Gehen.
→ Ils s'apprêtent à partir.
8. Sie bringen dich in Schwierigkeiten.
→ Ils te mettent en difficulté.
9. Er kennt fast die ganze Welt.
→ Il connaît pratiquement le monde entier.

33 LES VERBES PRONOMINAUX

1. Choisissez le pronom à ajouter.

1. Er putzt **sich** die Zähne.
2. Er hat dich verlassen, du kannst **dich** nicht auf ihn verlassen.
3. Wir denken **uns** viele Geschichten aus.
4. Wo befindet ihr **euch**?
5. Ich kenne **mich** hier nicht aus.

2. Reliez les phrases à leur traduction.

1. Gegensätze ziehen sich.
→ Les contraires s'attirent.
2. Mühsam ernährt sich das Eichhörnchen.
→ Petit à petit l'oiseau fait son nid.
3. Er ruht sich auf seinen Lorbeeren.
→ Il se repose sur ses lauriers.
4. Was liebt sich, das neckt sich.
→ Qui aime bien, châtie bien.
5. Begib dich nicht in die Höhle des Löwen!
→ Ne te risque pas dans la cage aux lions.

3. Traduisez en utilisant l'aide proposée entre parenthèses.

1. Wir haben uns in Berlin kennengelernt.
2. Du sollst dir Lösungen ausdenken.
3. Es gibt viele Arten sich zu freuen.
4. Wien sieht sich gern als Musikhauptstadt.
5. Die Inflationsrate hat sich nicht verändert.

34 L'INFINITIF AVEC OU SANS *ZU* ET LE DOUBLE INFINITIF

1. Ajoutez le *zu* au bon endroit dans les propositions infinitives.

Kinder, vergesst nicht,...
1. den Tisch abzudecken,
2. den Mülleimer runterzubringen,
3. die Spülmaschine einzuräumen und einzuschalten,
4. euch um die Katze zu kümmern,
5. und die Tür zu schließen.

2. *Zu* ou pas *zu* devant les infinitifs ?

1. Im Film *Der junge Karl Marx* verkörpert August Diehl den jungen Sozialisten in einer Zeit, in der er mit Engels in Paris

den Massen ein neues Weltbild geben wollte und versuchte, eine neue Vision von menschlicher Gemeinschaft **zu** formulieren.
2. Beide hatten die Energie einer Jugend, die die Welt verändern wollte.
3. August Diehl behauptet, dass er in die Zeit abtauchen musste, um gut spielen **zu** können.
4. Klara sieht eine Schlange durch die Gräser kriechen. Sie kann das nicht aushalten, und man hört sie laut aufschreien. Ihr Bruder läuft Hilfe holen, denn Klara weiß sich nicht **zu** helfen.

3. Traduisez les phrases suivantes.

1. Man muss täglich lachen.
2. Ich habe keine Zeit, mich zu setzen.
3. Ich freue mich darauf, bald wieder zu Hause zu sein.
4. Was kann man tun, um glücklich zu sein?
5. Vor einer Woche hat er einen Techniker kommen lassen.
6. Heute Abend gehen wir schwimmen. Willst du mitkommen?

35 L'IMPÉRATIF

1. Mettez les groupes infinitifs suivants à l'impératif : à la 2e personne du singulier et du pluriel et à la forme de politesse.

1. einen Moment warten → Warte einen Moment! Wartet einen Moment! Warten Sie einen Moment!
2. höflich sein → Sei höflich! Seid höflich! Seien Sie höflich!
3. dieses Buch lesen → Lies dieses Buch! Lest dieses Buch! Lesen Sie dieses Buch!
4. seine Telefonnummer geben → Gib deine Telefonnummer! Gebt eure Telefonnummer! Geben Sie Ihre Telefonnummer!
5. sich umdrehen → Dreh dich um! Dreht euch um! Drehen Sie sich um!

2. Utilisez directement l'impératif.

1. Erklären Sie uns diese Regel noch einmal!
2. Redet lauter!
3. Befragen wir den Lehrer nach seiner Meinung!/Lasst uns den Lehrer nach seiner Meinung befragen!
4. Helfen Sie uns!
5. Begleite deine Schwester!
6. Hilf den anderen Teilnehmern!
7. Nimm dein Heft!
8. Schlagt ein Wort im Wörterbuch nach!

3. Traduisez les phrases.

1. Kümmere dich um deine Katze!
2. Vergiss nicht, die Tür zu schließen!
3. Bring den Mülleimer runter!
4. Lüg mich nicht an!

36 LE PASSIF

1. Mettez au passif en respectant le temps employé.

1. Eine Fremdsprache kann von älteren Menschen gut gelernt werden.
2. Eine Flaschenpost wurde von einem britischen Paar ins Mittelmeer geworfen. Sie wurde von einem Fischer entdeckt.
3. In Nicaragua wird ein gigantisches Bauprojekt von deutschen Architekten geplant.
4. Eine Boa ist von Besitzern exotischer Tiere ins Freie gesetzt worden.
5. Unterschiedliche französische Filme sind im Filmfestival gesehen worden.
6. Ein Brief wird von einem Kind mit einem Bleistift geschrieben.
7. Die Notbremse war von einem Reisenden gezogen worden.

2. a., b. ou c. ? Cochez la bonne traduction parmi les énoncés suivants.

1. **c.** Das Geschäft wird geschlossen werden.
2. **a.** An der Grenze sind wir kontrolliert worden.
3. **b.** Unser Koffer wurde untersucht.

Corrigés

(37) LE PASSIF IMPERSONNEL

1. Transformez ces phrases à l'aide d'un passif impersonnel.

1. Es wird um 12 gegessen./Um 12 wird gegessen.
2. Es wird jeden Abend ferngesehen./Jeden Abend wird ferngesehen.
3. Es wird manchmal Tennis gespielt./Manchmal wird Tennis gespielt.
4. Es wird am Fluss entlang geschlendert.
5. Es wird zum Fenster hinausgeschaut.

2. Utilisez le passif impersonnel pour construire de nouvelles phrases.

1. Es wird am Schicksal des Romanhelden teilgenommen.
2. Sieben Jahre ist daran gearbeitet worden.
3. Es muss leider auf diese Reise verzichtet werden./Leider muss auf diese Reise verzichtet werden.
4. Es wird ihm bei den Hausaufgaben geholfen./Ihm wird bei den Hausaufgaben geholfen.
5. Es wurde in der Zeitung von einem schweren Unfall berichtet./In der Zeitung wurde von einem schweren Unfall berichtet.
6. Es wird oft von exotischen Inseln geträumt./Oft wird von exotischen Inseln geträumt.
7. Was soll dir von deinem Bruder geschickt werden?

3. Traduisez les phrases suivantes.

1. In dieser Bar wird viel Wein getrunken.
2. Mir wurde erklärt, wie ich zur Schule kommen konnte.
3. Sie werden am Telefon verlangt.
4. Mir wurden Bücher geschenkt.
5. Ihnen wurde nie etwas geschenkt.
6. Wann sollen Sie geweckt werden?
7. Hier wird Deutsch gesprochen.
8. In dieser Firma wird hart gearbeitet.
9. Am Sonntag wird spät aufgestanden.
10. Bei Müllers ist eingebrochen worden.

(38) LES PROPOSITIONS « COMPLÉTIVE » ET « CAUSALE »

1. Complétez la phrase en conjuguant le verbe entre parenthèses.

1. Ich weiß, dass du morgen nach Berlin **fährst**.
2. Weiß er, dass ihr heute Abend ins Kino **geht**?
3. Ich habe erfahren, dass er einen neuen Wagen gekauft **hat**.
4. Ich kann das Haus nicht kaufen, weil es zu teuer **ist**.
5. Du kannst die Zeitung nicht lesen, weil du deine Brille vergessen **hast**.

2. Transformez les phrases sur le modèle suivant.

1. Ich weiß es auch nicht, **ob er Rotwein trinkt.**
2. Ich weiß es auch nicht, **ob er bald wieder arbeiten kann.**
3. Ich weiß es auch nicht, **ob sie heute Abend vorbeikommt.**
4. Ich weiß es auch nicht, **ob er schon in Frankreich gewesen ist.**

3. Traduisez les phrases suivantes.

1. Der Hund bellt, weil er Lärm gehört hat.
2. Du sollst das Bett hüten (im Bett bleiben), weil du Fieber hast.
3. Kannst du mir sagen, ob deine Eltern zu Hause sind?
4. Da es schon spät ist, bleibe ich zu Hause.

(39) LA SUBORDONNÉE TEMPORELLE

1. Complétez à l'aide de *wenn* ou *als*.

1. **Wenn** der Wecker klingelt, bin ich oft schon wach.
2. **Als** sein Vater starb, war er erst 15.
3. **Als** er aufstand, hörte er plötzlich viel Lärm im Haus.
4. **Wenn** ich die Zeitung lese, trinke ich gern ein Glas Bier.

5. **Wenn** es schneite, blieben wir immer zu Hause.
6. **Wenn** der Herbst kommt, haben die Bäume schöne Farben.

2. Choisissez entre *wenn*, *wann* et *ob*.

1. Ich frage mich, **ob** er nicht krank ist.
2. Ich begleite dich zum Artzt, **wann** du willst.
3. Weißt du, **ob** er eine Stelle gefunden hat?
4. **Wenn** er dich sieht, wird er dich nicht erkennen.
5. Frage sie, **ob** sie einverstanden ist.
6. Ich kann dir nicht sagen, **wann** er kommen will.

3. Traduisez les phrases suivantes.

1. Avant d'inviter tes amis, range ta chambre !
2. Après avoir lavé sa voiture, il part en ville.
3. Depuis que je fais du sport, je me sens mieux.
4. Tant qu'elle chante, je ne peux pas me concentrer.
5. Appelle-moi dès que tu reçois la bonne nouvelle.
6. Pendant que tu pars faire les courses, je vais à la station-service.

40 LES SUBORDONNÉES CONCESSIVE ET COMPARATIVE

1. *Richtig oder falsch*? Vrai ou faux ? Cochez la case qui convient.

	richtig	falsch
1. *Obwohl* peut être remplacé par *obgleich*.	☒	☐
2. On emploie le subjonctif après *obwohl* comme en français.	☐	☒
3. La locution *als ob* est suivie du subjonctif II.	☒	☐
4. Après *Was auch sein mag*, je construis une proposition normale.	☒	☐
5. Quand la subordonnée avec *obwohl* commence la proposition, le verbe de la principale se met en deuxième place.	☒	☐

2. Conjuguez le verbe. Attention au mode employé !

1. Er geht ins Schwimmbad, obwohl er nicht schwimmen **kann**.
2. Wir tun, als ob wir tüchtig **arbeiteten**.
3. Obwohl er fleißig gearbeitet **hat**, ist er im Examen durchgefallen.
4. Er sieht freundlich aus, als ob er gutgelaunt **wäre**.
5. Du magst noch so schreien, ich **gehe** nicht nach draußen.

3. Traduisez les phrases suivantes.

1. Bien qu'il habite Berlin, il n'est jamais allé au parlement.
2. Quoi que tu fasses, tu ne gagneras pas.
3. Aussi vite qu'il coure, il ne sera pas le premier.
4. Il fait comme s'il avait réussi l'examen.

41 LE SUBJONCTIF II

1. Complétez le tableau des verbes à la 1re personne.

→ Prétérit → Présent subj. II
→ Passé subj. II

bringen → ich brachte → ich brächte
→ ich hätte gebracht
gehen → ich ging → ich ginge
→ ich wäre gegangen
fahren → ich fuhr → ich führe
→ ich wäre gefahren
sprechen → ich sprach → ich spräche
→ ich hätte gesprochen
wollen → ich wollte → ich wollte
→ ich hätte gewollt
denken → ich dachte → ich dächte
→ ich hätte gedacht

wünschen → ich wünschte → ich wünschte
→ ich hätte gewünscht
rennen → ich rannte → ich rennte
→ ich wäre gerannt

2. Transformez la phrase pour exprimer un regret au passé du subjonctif II.

1. Wenn du uns doch besucht hättest!
2. Wenn ihr doch zu Hause geblieben wäret!
3. Wenn er doch fleißig gewesen wäre!
4. Wenn du uns doch etwas gesagt hättest!
5. Wenn wir doch nicht zu spät zu ihm gekommen wären!

3. Traduisez les phrases suivantes en vous aidant du vocabulaire donné entre parenthèses.

1. Ich möchte dich zum Kaffee einladen.
2. Er hätte gern dieses Auto gekauft.
3. Du hättest mir sowieso nichts gesagt.
4. Ich hätte auf dich hören sollen.
5. Sie wären hier glücklich, sie könnten im Garten spielen.

42 LA SUBORDONNÉE CONDITIONNELLE

1. Mettez les verbes suivants à la 2e personne du singulier du présent du subjonctif II.

1. kommen: du **kämest**
2. rufen: du **riefest**
3. stellen: du **stelltest**
4. sein: du **wärest**
5. laufen: du **liefest**
6. singen: du **sängest**

2. Complétez par un subjonctif II hypothétique ou irréel.

1. Ich **hätte** gern eine Hose gekauft.
2. An seiner Stelle **wäre** ich dorthin nicht gegangen.
3. Ich **hätte** beinahe vergessen, sie abzuholen.
4. **Würdest** du gern mit mir in die Stadt fahren?
5. Ohne ihn **hätte** ich die Adresse nie gefunden.
6. Wenn ich die Tür geschlossen **hätte**, wären die Diebe ins Haus nicht gekommen.

3. Formez des phrases en réunissant un élément de chaque goupe.

1. Wenn ich weiß, wohin du fährst,
→ begleite ich dich gern.
2. Wenn du in der Nacht besser schliefest,
→ würdest du am Tag wach bleiben.
3. Wenn er sich ein Moped kaufen würde,
→ könnte er schneller an die Arbeit gehen.
4. Wenn Mutter nicht krank gewesen wäre,
→ wäre sie mit uns ans Meer gefahren.
5. Wenn ich im Lotto gewonnen hätte,
→ hätte ich mir ein ein kleines Boot gekauft.

43 LA SUBORDONNÉE INDIRECTE AVEC PRONOMS INTERROGATIFS

1. Complétez avec un pronom interrogatif.

1. Sag mir, **wer** jetzt an der Tür ist.
2. Ich verstehe nicht, **warum** er nicht zum Fest gekommen ist.
3. Bleiben Sie, **wo** Sie sind.
4. Ich weiß nicht, **woher** sie alle kommen.
5. Ich frage mich, **wen** diese Musik stört.
6. Schau mal, **wohin** sie geht. Es ist doch sehr weit!
7. Bleibe, **wo** du jetzt stehst !
8. Ich frage mich, mit **wem** er nach Hamburg fährt.

2. Associez les phrases ou membres de phrases pour produire un énoncé.

1. Du hast viele Koffer.
→ Sag mir, welchen du morgen nimmst.
2. Ich frage mich,
→ was du heute gemacht hast.
3. Frag ihn, → wen er gesehen hat.

4. Erzähl mir bitte,
→ woher diese Leute kommen.
5. Ich weiß nicht,
→ wann sie kommen.
6. Man kann nicht verstehen,
→ wie das möglich ist.

3. Traduisez les phrases.

1. Ich kann dir nicht sagen, wo er studiert.
2. Weißt du, wie es ihr geht?
3. Ich möchte wissen, wer das gemacht hat.
4. Ich verstehe nicht, wie das möglich ist.
5. Ich frage mich, was mein Vater machen will.

44 LA SUBORDONNÉE RELATIVE

1. Soulignez les pronoms relatifs qui sont à l'accusatif.

1. Die Leute, <u>die</u> wir getroffen haben und die uns gegrüßt haben, sind unsere Nachbarn.
2. Das Bier, <u>das</u> du getrunken hast und das gut war, kommt aus München.
3. Die Butter, die nicht mehr frisch war und <u>die</u> du gegessen hast, muss jetzt in den Mülleimer.
4. Der Mann, <u>den</u> wir letzte Woche gesehen haben und der so freundlich war, hat jetzt die Grippe.
5. Das Bild, <u>das</u> du schön findest und das mir nicht gefällt, ist von Caspar David Friedrich.

2. Complétez par le pronom relatif qui convient.

1. Das Lied, **das** wir gesungen haben, hatte viel Erfolg.
2. Ich danke dir für den Brief, **den** du mir geschrieben hast.
3. Die Zeitung, **die** Vater gekauft hat, ist interessant.
4. Die Dame, mit **der** ich gesprochen habe, ist hier neu.
5. Wir treffen heute Freunde, **die** wir schon lange nicht mehr gesehen haben.
6. Das Glas, **das** ich auf den Tisch gestellt habe, ist schon voll.
7. Dieser Mann, **dem** niemand hilft, ist obdachlos.

3. Traduisez les phrases suivantes.

1. Où est le restaurant dans lequel nous voulons manger ?
2. Où est l'homme qui accompagne cette femme ?
3. Comment trouves-tu le livre que j'ai acheté hier ?
4. Les fleurs que tu vois ici sont artificielles.

45 LA PROPOSITION INFINITIVE

1. Formez une proposition infinitive en utilisant les éléments proposés

Vergiss nicht,...

1. dein Zimmer aufzuräumen,
2. den Staub zu wischen,
3. die Betten neu zu beziehen,
4. das Haus zu lüften,
5. den Mülleimer runterzubringen,
6. und die Katze zu füttern.

2. Reliez les éléments pour former une phrase.

1. Der Regisseur fürchtet sich davor,
→ beim Film durchzufallen.
2. Sie freuen sich,
→ die Ferien im Gebirge zu verbringen.
3. Der Journalist ist daran interessiert,
→ diese Information zu bekommen.
4. Das Team ist enttäuscht,
→ das Projekt abbrechen zu müssen.
5. Er wurde beauftragt,
→ den Bericht zu schreiben.

3. Traduisez les phrases suivantes.

1. Hast du vergessen, deine Tante anzurufen?
2. Ich helfe dir, damit du bessere Noten bekommst.
3. Ich verbiete dir, Alkohol mit deinen Freunden zu trinken.
4. Er will mich hindern, diese Information herauszutragen.
5. Er will es weit bringen, ohne sich anzustrengen.

46 LA RECTION DES VERBES

1. Complétez les phrases suivantes.

1. Es handelt sich **um** einen tragischen Unfall.
2. Ich beneide sie **um** ihre Schönheit.
3. Du sollst **auf** seinen Brief antworten.
4. Du kannst dich **auf** sie verlassen.
5. Ich muss mich **über** sein Verhalten wundern.
6. Sie bittet dich **um** Verzeihung.
7. **Auf** wen wartest du denn?
8. Ich bin **deiner** Schwester in diesem Geschäft begegnet.
9. Alle Fans wollten sich **dem** Sänger nähern.
10. Er sollte **seine** Klassenkameraden nicht auslachen.
11. Er hat **den** Autounfall überlebt.
12. Das Mädchen soll sich **um** das Baby kümmern.
13. Wir denken gern **an** die nächsten Ferien.

2. Traduisez les phrases suivantes.

1. Sie dankte der Sekretärin.
2. Ich bin ihm zufällig auf dem Markt begegnet.
3. Sie leidet an Asthma.
4. Wie kann ich diesen Husten loswerden?
5. Vergiss nicht, deine Mutter anzurufen.
6. Das schmeichelt mir.
7. Verzichte nicht auf deine Träume!
8. Diese Jugendlichen wollen zum Naturschutz beitragen.
9. Viele Leute sehnen sich nach Sicherheit.
10. Hör mir zu!
11. Sie warnen uns vor der Gefahr.
12. Sie sollten darauf achten.
13. Ich freue mich über deinen Erfolg.

47 LES VERBES FORTS (I)

Complétez chaque phrase par la forme verbale qui convient.

1. Was hat uns der Chef **b. befohlen**?
2. Dieser Hund hat das Kind **a. gebissen**.
3. Er hat mich um Geld **b. gebeten**.
4. Sie ist in der Altstadt **a. geblieben**.
5. Was hast du uns **b. gebracht**?
6. Vati, hast du an uns **b. gedacht**?
7. Was habt ihr Gutes **b. gegessen**?
8. Wir sind auf der Autobahn sehr schnell **b. gefahren**.
9. Wo hat er dieses Spiel **a. gefunden**?
10. Er hat mir das Buch nicht **b. gegeben**.
11. Wohin bist du gestern **a. gegangen**?
12. Ich habe den ersten Preis **b. gewonnen**.
13. Der Wagen hat vor der Tür **a. gehalten**.
14. Er hat uns gern **b. geholfen**.
15. Wann ist er **a. gekommen**?

48 LES VERBES FORTS (II)

1. Complétez chaque phrase à l'aide d'un verbe au prétérit de la page de gauche.

1. Vor einer Woche **lief** unser Freund in Berlin den Marathon.
2. Man **sah** viele Fans auf den Straßen.
3. Alle Fans **sangen** fröhliche Lieder.
4. In der Nacht vor dem Marathon **schliefen** wir nicht sehr gut.
5. An diesem Sonntag **schien** die Sonne.
6. Wir **riefen (schrien)** alle „Hurra".

7. Die Marathonläufer **schienen** alle sehr glücklich.
8. Nach dem Marathon **nahmen** wir alle ein gutes Mittagessen.
9. Wir **schwiegen** nicht. Wir sprachen alle viel miteinander.
10. Aber nach dem Essen **schienen** einige müde zu sein.

2. Trouvez les 15 formes verbales au prétérit cachées dans la grille.

l	i	e	f								
				l	a	s					
					n	a	h	m	r		
s	c	h	i	e	n	h		r	i	e	f
									e		
	s	a	n	g					t		
l	c						l				
a	h					r	o	c	h		
g	w		l	u	d		g				
	i										
	e				s	c	h	n	i	t	t
	g		s	c	h	l	i	e	f		

49 LES VERBES FORTS (III)

1. Reliez ces verbes en fonction de leur similitude pour leur prétérit et de leur parfait.

1. fallen → lassen
2. fahren → tragen
3. geben → essen
4. nehmen → treffen
5. bleiben → scheinen
6. singen → trinken
7. verbieten → verlieren

2. Retrouvez les synonymes et les contraires dans la page de gauche.

1. Nein sagen oder: **verbieten**
2. rennen oder: **laufen**
3. machen oder: **tun**
4. Laut rufen oder: **schreien**
5. das Gegenteil von sitzen: **stehen**
6. das Gegenteil von sprechen: **schweigen**
7. das Gegenteil von liegen: **stehen**
8. das Gegenteil von gewinnen: **verlieren**
9. das Gegenteil von wach bleiben: **schlafen**

3. Traduisez les phrases suivantes.

1. Il m'a volé ma bicyclette.
2. Où étaient assis les invités dans cette grande salle ?
3. Au Moyen Âge, beaucoup de gens mouraient de la peste.

50 LES FAUX AMIS

1. Complétez les phrases avec un des mots de la page de gauche.

1. Das ist wirklich dumm von ihm: er hat sich **blamiert**.
2. Welchen Kuchen willst du kaufen? Ein **Baiser**.
3. Diese Klamotten sind nicht mehr **modisch**.
4. Bei Wanderungen braucht man einen **Kompass**.
5. Mein Kugelschreiber braucht eine neue **Patrone**.
6. Du sollst mit den Damen **Kavalier** sein.
7. In welchem **Lokal** treffen wir uns am Nachmittag?
8. Kannst du diese Sonaten am **Klavier** spielen?
9. Herbert von Karajan war ein berühmter **Dirigent**.
10. Nach seinem Master 2 will der Student jetzt eine **Dissertation** schreiben.

2. Trouvez les dix faux amis.

1	N	O	V	E	L	L	E			
2	M	A	L	H	E	U	R			
3	L	O	K	A	L					
4	D	O	M							
5	F	E	U	I	L	L	E	T	O	N
6	T	R	E	S	O	R				
7	E	T	A	T						
8	P	E	N	I	B	E	L			
9	A	V	A	N	C	I	E	R	E	N
10	S	O	R	T	I	E	R	E	N	

1. Eine kleine literarische Erzählung
2. Eine schlechte Nachricht
3. Ein Ort, wo man sich treffen kann.
4. Eine große Kirche
5. Was wir jede Woche in der Zeitung finden.
6. Ein fester Schrank für Geld
7. Eine Summe Geld für den Haushalt
8. Sehr genau
9. Eine höhere Stellung bekommen
10 Nach Farbe, größe oder Form ordnen.

Des mêmes auteurs aux éditions Ophrys :

- *Über Stock und Stein*, coll. « Histoires faciles à lire ». Marhuenda M., 2018
- *Le bon verbe. Allemand.* Marhuenda M., Viselthier B., 2017
- *Mini grammaire de l'allemand pour tous*, coll. « Mini grammaire ». Marhuenda M., Buchegger A., 2017
- *Petit vocabulaire actuel. Allemand*, coll. « Petit vocabulaire actuel ». Viselthier B., 2016
- *Petit vocabulaire actuel. Exercices. Allemand*, coll. « Petit vocabulaire actuel ». Viselthier B., 2013
- *Fiches et tests de grammaire. Allemand*, coll. « Fiches et tests de grammaire ». Marhuenda M., Viselthier B., 2012

Notes

Notes

Notes

Cet ouvrage a été imprimé par Printcorp - N° : 18030478